学习精进

如何成为一个会学习的人

黄河清◎著

内容提要

这个世界上,天才只有极少数,大部分人都是普通人。然而,这些普通人中的一小部分人,却因为掌握了高效学习的方法,实现了职业生涯跃迁,成就了不平凡的人生。本书通过介绍行之有效的学习方法,让每一个普通人都有可能实现逆袭。

本书从10个方面讲述了学习精进的方法,分别是问题意识、知识分类、信息检索、笔记优化、记忆力提升、游戏化设计、学习迁移、"杀死"拖延、时间管理、学习工具。

本书适合有自我提升需求的职场人士,以及学生群体阅读。

图书在版编目(CIP)数据

学习精进:如何成为一个会学习的人/黄河清著.—北京:北京大学出版社,2022.8
ISBN 978-7-301-33191-0

Ⅰ.①学… Ⅱ.①黄… Ⅲ.①学习方法 Ⅳ.①G791

中国版本图书馆CIP数据核字(2022)第129474号

书　　　名	学习精进:如何成为一个会学习的人
	XUEXI JINGJIN: RUHE CHENGWEI YI GE HUI XUEXI DE REN
著作责任者	黄河清　著
责 任 编 辑	刘　云　刘羽昭
标 准 书 号	ISBN 978-7-301-33191-0
出 版 发 行	北京大学出版社
地　　　址	北京市海淀区成府路205号　100871
网　　　址	http://www.pup.cn　新浪微博:@北京大学出版社
电 子 信 箱	pup7@pup.cn
电　　　话	邮购部 010-62752015　发行部 010-62750672　编辑部 010-62570390
印 刷 者	三河市博文印刷有限公司
经 销 者	新华书店
	880毫米×1230毫米　32开本　6.25印张　184千字
	2022年8月第1版　2022年8月第1次印刷
印　　　数	1-4000册
定　　　价	49.00元

未经许可,不得以任何方式复制或抄袭本书之部分或全部内容。
版权所有,侵权必究
举报电话:010-62752024　电子信箱:fd@pup.pku.edu.cn
图书如有印装质量问题,请与出版部联系。电话:010-62756370

前言
PREFACE

秒变"学霸体质"，从此上演"开挂人生"

我叫黄河清，名字非常好记，黄河的黄河，清水的清。我爸当年给我取这个名字，寓意是黄河清则圣人出，也就是黄河水如果哪天变清澈了，圣人也就应运而生了。这辈子能不能成为圣人我不知道，不过在学习这件事上，我可以毫不谦虚地说，自己还算是小有所成。

我没参加过中考，也没参加过高考。中考时我被保送到了厦门外国语学校，高考时我以外语类福建省第一的成绩被保送到了北京大学法国语言文学系。大学毕业后我得到了一份央企的工作，到非洲工作了一年多的时间，不到半年我就被提拔为国别经理。后来因为公司要把我的合同改成在非洲常驻十年，我选择了辞职回国，准备考研留学。

当时因为离职流程比较长，留给我备考的时间特别短，不过对我来说，只要掌握了方法，考试其实特别简单，我只花了一个月左右的时间就取得了优异的成绩，还申请到了全额奖学金。因为成绩不错，我还获得了在新东方任教的机会。在此之前我从来没有真正当过老师，可任职不到三个月，我的教师评分就超过了很多老教师，成为了我所教授的科目的"明星老师"。

看到这里，很多读者可能会觉得我是一个"别人家的孩子"，我的经历是一个学霸人生"开挂"的故事，而且还不算特别精彩，跟那些超级精英还有一定差距。

但其实在初二那年，我曾在夜深人静时一个人在楼顶天台上哭，不敢哭出声，因为怕被父母听到。我哭的原因很简单，期末考试成绩下来，我在年级排名倒数第十三，班级排名倒数第三。我第一次见到老爸那么生气，生气到跟我说再给我一次机会，再考不好就把我送回农村老家，让我自生自灭。

那时的我可能和现在的你一样。

第一，不知道应该怎么学习，每天花不少时间在学习上，可收效甚微；第二，学的知识不成体系，感觉零零碎碎知道一大堆知识，可真要说自己会什么，却一个字都说不出来；第三，专注力极差，学习时间稍微长一些就坚持不下来，坐在书桌前不一会儿就开始分心做其他事情。

那时我真的吓破了胆，生怕被送回一个人都不认识的老家，于是被迫开始了我人生中的第一次有关学习的反思，思考怎么才能解决这些问题。

我认识到我不是那种天生学习能力就特别强，什么内容都能一看就会的"真学霸"，我需要借助别的东西，有意识地改进自己的学习方法。那些"真学霸"天生就会的东西，我得去观察、去偷学、去总结，然后思考能不能用到自己身上。

于是，我开启了漫长的"偷学"之路。从初中、高中、大学、研究生，到工作、创业，我身边一直不乏优秀的人才，我把握住了每个和他们交流的机会，去和他们成为朋友，观察他们的学习方法，总结他们学习方法的异同。在科学技术迅速发展的今天，学习方法的重要性不言而喻，因此我将自己掌握的实用学习方法总结成一本书，分享给大家。

本书共分为10章，第一章为问题意识，主要介绍了优化底层逻辑的终极三问；第二章为知识分类，主要介绍了事实性知识、概念性知识、程序性知识、元认知知识及相应的学习方法；第三章为信息检索，主要介绍了信息检索的四个步骤；第四章为笔记优化，主要介绍了两种思考型笔记；第五章为记忆力提升，主要介绍了提升记忆力的方法；第六章为游戏化设计，主要介绍了学习中的奖励机制、惩罚机制、监督机制、竞争机制的设定与维持；第七章为学习迁移，主要介绍了学习迁移的各种方法；第八章为"杀死"拖延，主要介绍了对抗拖延、提高学习效率的方法；第九章为时间管理，主要介绍了恢复精力、提升效率的实用方法；第十章为学习工具，主要介绍了一些能够提升学习效率的APP。

本书还设计了很有意思的"课后作业"，读者在阅读完章节内容后，可以随学随练，巩固所学知识。

目 录
CONTENTS

 **问题意识**
一切思维的起点与动力之源

1.1　学习和学习的差别：有效不等于有效率　　/ 012

1.2　优化底层逻辑的终极三问（上）：如何提一个"是什么"的问题？　/ 015

1.3　优化底层逻辑的终极三问（中）：如何提一个"为什么"的问题？　/ 018

1.4　优化底层逻辑的终极三问（下）：如何提一个"怎么办"的问题？　/ 020

1.5　深度分析：你的学习策略为什么总是难以执行？　/ 021

1.6　优化提升：如何提出真正有效的问题？　/ 025

知识分类
如何利用布鲁姆分类法

2.1 "翻书马冬梅，合书马什么梅" / 028

2.2 弗洛伊德是个人：事实性知识与对应的学习方法 / 029

2.3 弗洛伊德不只是个人：概念性知识与对应的学习方法 / 032

2.4 我让弗洛伊德变成人：程序性知识与对应的学习方法 / 035

2.5 为什么"我"认为弗洛伊德是人：元认知知识与对应的学习方法 / 036

2.6 综合拆解：如何将一本书读出层次感？ / 039

信息检索
99%的问题都会被解决

3.1 拒绝闭门造车：检索力让你的人生少走弯路 / 048

3.2 日常信息检索：优化检索词与分类检索 / 049

3.3 专业信息检索：确定目标、选定策略、展开检索、信息评估 / 054

3.4 内部信息检索：专业检索技巧与渠道 / 058

3.5 信息评估：信息源过滤与质量提升 / 059

第四章 笔记优化
重塑思维的笔记思考术

4.1 破除笔记误区：花花绿绿的笔记就是好笔记吗？ /062

4.2 课堂上的空雨伞：关联型笔记 /065

4.3 课后的里程碑：反思型笔记 /068

4.4 笔记让你更懂自己：笔记与元认知训练 /071

第五章 记忆力提升
为什么学习高手记住的总是比你多

5.1 记忆术不等于真正的记忆 /077

5.2 专注力提升：用高效心理场释放你的积极性 /078

5.3 奇变偶不变：短内容的记忆策略与记忆原理 /083

5.4 好记性与烂笔头：画面类长内容的记忆策略与记忆原理 /085

5.5 记忆宫殿：逻辑类长内容的记忆策略与记忆原理 /087

5.6 情绪力量：无序类长内容的记忆策略与记忆原理 /090

 **第六章 游戏化设计**
让学习像玩游戏一样上瘾

6.1 成瘾与戒断：学习时为什么总是度日如年？ /100

6.2 每个人都是长不大的小孩：学习中奖励机制的设定与维持 /100

6.3 如何用好大棒：学习中惩罚机制的设定与维持 /105

6.4 没有崩坏的未来：学习中监督机制的设定与维持 /106

6.5 恨比爱更强大：学习中竞争机制的设定与维持 /108

 **第七章 学习迁移**
重新定义你的认知结构

7.1 知识的"诅咒"：我们学不会的究竟是什么？ /112

7.2 图式与表征：高手与"小白"的本质差别 /112

7.3 费曼技巧：知识迁移的第一步 /116

7.4 刨根问底：图式与学科框架的完善 /118

7.5 三省吾身：元认知的提升技巧 /120

7.6 生活中的PBL：学习迁移的日常训练 /129

 "杀死"拖延
不再焦虑，学习可以更高效

8.1　你是拖延症患者吗？　/133

8.2　改变习惯：记录拖延行为，发现拖延征兆　/136

8.3　对抗拖延：重掌人生主动权的超级公式　/142

8.4　提升期望：相信自己一定能做好　/144

8.5　价值感：价值重评与纳入　/146

8.6　仪式感：以最快的速度进入工作状态　/148

8.7　时间观念：让时间不再从指尖流逝　/151

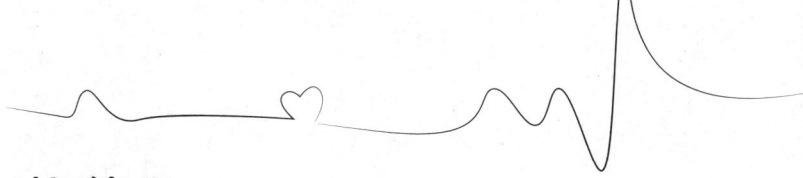

时间管理
如何在相同的时间内学到更多知识

9.1　时间管理，从正确睡眠和休息开始　/156

9.2　效率常识：高效任务拆解法　/164

9.3　排优先级：每天多出30%的可支配时间　/171

9.4　非计划日程：让你的计划不再只是计划　/179

学习工具
提升学习效率的超级工具

10.1 不错过每分钟的成长：碎片化学习工具推荐 /190

10.2 吃得下睡得着才学得进去：生活作息相关工具推荐 /191

10.3 有趣从每个瞬间开始：素材积累工具推荐 /195

10.4 珍视你唯一的财富：时间管理工具推荐 /196

10.5 不再孤军奋战：协作类工具推荐 /198

10.6 优化提升无处不在：其他常见学习工具推荐 /199

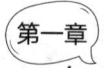

第一章

问题意识

一切思维的起点与动力之源

1.1 学习和学习的差别：有效不等于有效率

学会自检，是"学渣"逆袭的第一步。那么，什么是自检呢？自检就是自我检查，要想成为学霸，成为更好的自己，就要对自己目前的状况有所了解，找到自己当下的问题是什么，不能简单地用"我是'学渣'"这样一个模糊的描述，掩盖阻碍学习的根本原因。

当年我当英语老师的时候，很多学生问我，"我要怎么做才能学好英语？""多背单词有用吗？""多做题有用吗？""看美剧、听广播有用吗？"……每次遇到这类问题我都会愣几秒，因为不知道该怎么回答。我基本能断定这些学生的英语学得都不怎么样，因为提出这类问题的学生，都缺乏一个基本的认识，也是我想分享的第一个概念：**有效不等于有效率**。

背单词、做题、看美剧、听广播都是学英语的方法，都有用，我们学了十几年英语，都是用这些方法学的。这些方法有用吗？肯定有！有效率吗？未必！这么多方法中，我们需要比较哪种方法对自己的问题更有效。这就引发了一连串的追问：我的问题是什么？为什么会有这个问题？怎么解决这个问题？

我教过很多"学渣"，自己曾经也是一个"学渣"，因此我深刻地认识到，学霸的成功都是相似的，"学渣"的问题却各不相同。简单的一句"我就是成绩不好"，不是一个可以解决的问题，成绩不好这一问题可以继续往下深究：有可能是记性不好，背了后面就忘了前面，最终什么都没记住；也有可能是没有搭建起知识体系，不会归纳总结知识点，只会死记硬背；还有可能是记得住、看得懂，就是不能张口说，说一句话总是要想好几遍，等想明白了别人早就聊别的了；甚至有可能是没有自信，觉得自己就是学不好，一直陷在泥潭里……

那么，学霸又是什么样的呢？有效率的学习方法能带给我们什么好处呢？

下面分享一则小故事。查理·芒格是巴菲特的黄金搭档，他和巴菲特联手创造了有史以来最优秀的投资纪录。查理·芒格的成功自然有各方面的原因，天时地利人和缺一不可，但最令我感兴趣的是他的格栅理论：把脑海中的思维模型想象成花园中的栅栏，每块立着的尖头木板是一个专业知识领域，这一块是心理学，那一块是社会学，旁边那块是哲学……而连接尖头木板的横木条就像是学科之间的交叉。当你拥有了足够长的栅栏，你也就拥有了一种独特的、将各学科融会贯通的思考方式。

查理·芒格说，从各个学科中吸取知识，看上去是难以完成的任务，但幸运的是，你无须成为每个领域的专家。你只需要学习一门学科中最基本的原理，然后尝试将它们应用到这门学科以外的领域，这就是查理·芒格最为推崇的"普世智慧"。

例如，我开设的"提升学习力"这门课程，正是将心理学、教育学、认知科学的知识应用到日常学习中，教大家正确学习的方法。但问题是，我们大多数人没有查理·芒格聪明，无法掌握十几门学科中的"了不起的思想"，那么我们可能掌握几门呢？我们已经掌握了某一门或某几门吗？未来还能多掌握几门吗？

我在课堂上问过这样的问题，听众中有大学生，也有职场人士，许多人的答案是怀疑和不自信的，甚至很多人连自己所学的专业、正在从事的工作都说不出个所以然。在这种情况下，如果不主动改变现状，恐怕很难在未来实现学业或事业方面的理想。出现这种情况，显然不是智力不足、天赋不高、时间不够的问题，毕竟我们大学期间用了三四年的时间去学习一门专业，并获得了这门专业的毕业证书，说明我们能够理解所学的知识。那么问题就出在了学习方法上，也就是说，很多人的学习是低效的——这正是本书要着重解决的问题。

测试

接下来请大家根据实际情况完成下面的测试，检验一下自己的学习方法与学习效率。

（1）你很喜欢记笔记，力图记下老师讲的每一句话。

A. 是　B. 否

（2）你很喜欢记笔记，遇到不懂的问题都会记下来。

A. 是　B. 否

（3）你每天晚上都会花费大量时间整理笔记。

A. 是　B. 否

（4）你每天晚上都会查看笔记中的重点内容。

A. 是　B. 否

（5）你经常学习、工作到深夜，导致第二天的精神状态很差。

A. 是　B. 否

（6）除了与学习、工作相关的书，你平时还会读其他方面的书。

A. 是　B. 否

（7）你在学习中习惯预习，在工作中习惯提前规划第二天的任务。

A. 是　B. 否

（8）你遇到问题时习惯找同学、同事讨论。

A. 是　B. 否

（9）学生时期，你放学后的时间都在做作业；工作之后，你每天都在加班，似乎有忙不完的工作。

A. 是　B. 否

（10）你总是机械性地做基础题目，对于稍有难度的题目则直接选择放弃。

A. 是　B. 否

（11）对于学习中的要点、工作中的重点，你平时都会进行归纳并不时翻看。

A. 是　B. 否

（12）学习中的错题，工作中的错误，你都会有意识地记录，并及时复盘。

A. 是　B. 否

[评分标准]

1、3、5、9、10题选"是"不得分，选"否"得1分；

2、4、6、7、8、11、12题选"是"得1分，选"否"不得分。

[参考答案]

得分为6分及以下，说明你的学习效率、学习方法存在很大问题，需要及时进行调整；

得分为6分以上，分数越高，说明你的学习效率越高，请继续保持，并寻找更适合自己的学习、工作方法，进一步提升效率。

1.2　优化底层逻辑的终极三问（上）：如何提一个"是什么"的问题？

在更细致地深入解决问题之前，我们首先需要重塑学习力的底层逻辑——终极三问。终极三问指的是，面对任何问题都需要追根溯源地问三个问题：**是什么，为什么，怎么办**。

"是什么"是对知识的定义，以及对知识下定义的过程。

一方面，"是什么"是对知识的定义。定义是我们对知识进行分类和比较的基础，但是只关注定义的话，会产生"学习无用"这样的错误认知。例如，对于孩子而言，生理和心智的发展是循序渐进的，当一个孩子还小，只能通过感觉和知觉了解物理层面上的具体事物时，他根本没有办法理解抽象符号，因此当大人用"你有一个苹果，再给你一个苹果，你有几个苹果"给学龄前的孩子讲解 1+1=2 时，孩子其实无法将眼前的竖线和手里的苹果建立联系，这时即使孩子能回答出 1+1=2，也很难说他是真的理解了"加法"这个运算方法，还是仅仅记住了这个式子。这样看来，学习似乎是无用的，但事实真的如此吗？

这其实反映了我们对于"学习"和"知识"普遍的认知误区：知识等于知识量，学习等于增加知识量。例如，我们通常把上知天文下晓地理、知识面宽广如百科全书的人称作"学霸"，"高考是人生的知识巅峰"这一说法也暗含了对于知识量的盲目崇拜。诚然，我们从小接受教育的过程中，对于"是什么"的问题回答得是最多的。但实际上，毫无关联的、分散的知识灌输是没有价值的，有价值的是当知识和我们的个人体验、思维、情感产生共鸣时，我们体会到"知识有用"的时刻。例如，很多人小时候都背过王维的《九月九日忆山东兄弟》：

独在异乡为异客，每逢佳节倍思亲。

遥知兄弟登高处，遍插茱萸少一人。

老师告诉我们，这首诗讲的是乡愁，但这样仅仅作为知识背下来的一个词和四句诗其实是没有意义的。

那么什么时候它们会变得有意义呢？

2014 年的春节，我是一个人在巴黎过的。朋友间的小聚会结束后，我一个人窝在租的小房间里看春晚。当零点钟声响起时，我对着电脑屏幕由衷地感叹了一句"独在异乡为异客，每逢佳节倍思亲"。在那一刻，这首诗不再是我死记硬背下来的28个字，而是真正对我有意义的知识。

另一方面，问"是什么"也意味着我们面对待解决的问题时，首先要做的是"下定义"，想明白问题的源头在哪里。如果不搞清楚问题的源头在哪里，就定下一个空泛的目标，如"我想把英语重新捡起来""我想高效地工作学习""我想提前完成所有任务不拖延""我想早睡早起、好好吃饭、好好运动"，那么最后通常只是想想而已——这些目标还没有开始就已经悄无声息地结束了。

还有一种常见的情况是，我们在行动的过程中并未察觉有什么不妥，但最终问题却没有被解决。就像有些学生为了考过英语四六级，每天很辛苦地早起背单词、刷题，觉得自己掌握了全部解题思路，可成绩就是不达标，但又完全想不明白自己哪里做得不够好。

这样的例子还有很多，它们都说明我们在着手做一件事时，很多时候并没有真正弄清楚需要解决的问题是什么。

那么科学研究中是如何给问题下定义的呢？研究人员除了需要定义研究对象的概念，还需要定义研究对象的原理和机制，并将现象拆解为可观测、可量化的行为。

例如，你觉得饥饿是什么？

从概念上我们可以将它定义为有机体的一种不快的感受；从操作性上我们可以将它定义为肝的糖原水平低于某个阈值，或一段时间内热量摄入量比消耗量少几分之几。对于行为主义心理学家而言，"饥饿"表现为实验箱中的小白鼠在单位时间内按压杠杆寻求食物的次数。

你看到其中的差别了吗？一个问题有不同的侧面，而从什么侧重点、什么角度定义问题，决定了我们将采取什么方法来分析和解决问题。

给问题下定义的重要性在于，只有明确了问题，我们才能提出有针对性的目标。那么如何明确问题呢？这就需要我们在发现问题和提出问题的同时不断细化问题，不仅要有"想学习""想运动"这样的美好愿望，还要有具体计划和详细的、可记录的行为。例如，"每天看书一小时，听课半小时，写日结笔记汇总记录"或"每周有氧运动三次，增肌训练三次，隔天打球一次"。

简言之，回答"是什么"的问题，其实就是厘清学习的内容，明确学习的目标。

> **课后作业**

（1）你目前亟待解决的问题是 _____

（2）问题源头分析 _____

（3）提出有针对性的目标 _____

（4）列出详细的行动计划 _____

1.3 优化底层逻辑的终极三问（中）：如何提一个"为什么"的问题？

"为什么"是在探究和分析问题的成因，只有知道了"为什么"，才能回答"怎么办"，但这一点常常被我们忽视。诟病应试教育的人很多，但抱怨的内容往往不在点儿上。

许多人认为"学数学没用""学化学没用""学历史没用"，产生这种想法最根本的原因其实是大多数人都不知道该怎么用这些知识，或者暂时意识不到这些知识的"有用性"，所以有些人干脆不学了，有些人则强迫自己死记硬背以应付考试。由此可以看出，应试教育真正的问题是过于关注对"是什么"的回答，而忽略了对"为什么"的回答，也就是过于关注答案本身而忽略了思考的过程。

应试教育，顾名思义就是应对考试的教育，而考试总是只关注最后的结果——一道题究竟选 A 还是选 C，答案是 0 还是 1，而不是为什么得出这个答案。

当年我学各种定理的时候，老师只在意我们是不是记住了这些定理，而不怎么在意这些定理是怎样得出的；家长也只会欣喜于孩子能说出 1+1=2，但不关心孩子是怎么知道的。长久接受这样的教育，我们也变得只在乎问题的答案——那个简单的、唯一的、似乎一定存在的，如 A 或 C、0 或 1 这样的答案。

但是"为什么"本身就是值得追问的。现象只是现象，对现象的解释却众说纷纭。我们都会根据自己的理解和经验，从不同的侧面解释自己和他人的行为。这种视角和理念的差异，导致了不同人对同一现象的解释存在差异，于是不同人就有了对"怎么办"的不同选择。

要想更客观地解决一个问题，不仅需要认清"我的问题是什么"，还需要认识"我是什么"。同样是"拖死线"，有的人是因为完美主义作祟，有的人是因为无法合理规划时间，有的人是因为不能长时间保持专注，有的人是遇到了不可抗力……相同的问题，不同的缘由，必然需要采取不同的解决方法。

"为什么"既是对"是什么"进行深层剖析，也是为"怎么办"寻找出口，这也是"为什么"的重要之处。能问出"为什么"，说明我们已经提出了一个细致的、恰当的、值得解决的"是什么"的问题，而对"为什么"的回答则直接影响我们对"怎么办"的选择。

需要强调的是，这三个问题并不是相互独立的，而是相辅相成的，将三个问题相结合才能稳定地提高学习效率。本书也会一直遵循"是什么""为什么""怎么办"的逻辑，结合日常学习工作中遇到的实际问题，给出可供参考的解决方案，同时还会讲解这些解决方案背后的认知原理，让读者在具体执行的过程中可以根据自己的实际情况进行调整，真正提高学习效率。

1.4 优化底层逻辑的终极三问（下）：如何提一个"怎么办"的问题？

"怎么办"是关于实现目标的路径、程序和手段的问题，这类问题一直是最受大家关注的。相信很多人都有在知乎上搜索各类人生问题的经历——"如何学好英语""如何做到高度自律""如何实现长时间的高效学习"……每次收获答案后，人们都跨踏满志，感觉只要自己肯坚持，分分钟就能拿下目标。但真正实操的时候，依然保持自己往常的风格和习惯，再详细的攻略也只会被放在收藏夹里"吃灰"。

很多人攻略看得多了，慢慢也能讲出一套套世事洞明的大道理，做过不止一次人生导师。讲得多了，听得多了，仿佛真的变成了很有办法的人，然而一旦到了实际情景、现实生活中，我们还是会对各种各样突如其来的状况感到不知所措，就像"懂得许多道理，但依然过不好这一生"所说的一样。

问题的症结就在对"是什么"和"为什么"的回答上。例如，当你没弄明白作文是什么，以及为什么要写作文的时候，总会想找到一个"万金油"模板或写法。面对其他事也是一样，如果你不清楚要做什么事，为什么要做这件事，就会想寻求一个"绝世秘籍"。

可是哪里有"以不变应万变"这样的好事。所谓"最优解"，从来都是相对于执行者和当前情境而言的，将他人的成功经验照搬到自己身上很可能并不合适。例如，你想出去旅游，从当前所在地到目的地可以选择多种交通工具——飞机、高铁、动车、绿皮火车、私家车、自行车等，最终选择的交通工具一定要是最符合旅游目的的。有的人想要放松一下且预算充足，可以选择乘坐飞机、高铁；有的人想要边走边看且时间充足，可以选择驾驶私家车；还有的人想要磨砺个人意志、深入体验风土人情，可以选择骑自行车，这些方案没有绝对的正确与否。

同样，对于学习，比起盲目地努力，我们更需要从"解决问题"的焦虑中缓下来，认真分析问题。例如，你要为了一场考试做准备，这时你要清楚自己并不是要成为一个上知天文下知地理的人，而是要成为一个能答出考题、拿到考分的人。

认识自我，找出"是什么"背后的"为什么"，解决方案自然也就出现了。

1.5 深度分析：你的学习策略为什么总是难以执行？

读到这里，很多读者可能会产生越来越多的疑惑：学习这件事我们经历了十几年，明明知道很多学习方法，但为什么就是学不会、学不好呢？

下面用终极三问的"是什么"和"为什么"分析这个问题。

是什么：我明明知道很多学习方法，还是当不了学霸。

为什么：为什么我总是不能使用有效的学习策略？

关于"为什么"的问题，常见的原因有以下几种，大家可以反思一下自己符合哪一种、在哪一个"坑"里。

第一种原因是老师没教过或没教好用的学习方法，自己也没有找到渠道学习好方法。 例如，老师要求你背单词，下节课听写，你将这些单词死记硬背下来了，但过几天又忘了，明明很努力却没有任何收获，非常浪费时间。

【skill】——词根词缀法

背单词除了大量输入，在阅读中学单词，还可以用词根词缀法等有效方法。例如，propose 这个词有"求婚"的意思，也有"提议""推荐"

的意思，可以将它拆分为两部分看，pro- 表示向前，pose 表示姿势，结合起来就是"向前一步摆一个姿势"。仔细想想，propose 的这些意思是不是都需要一个人向前走一步，然后摆个姿势呢？如男士跪下掏出戒指，公司、学校开会时上台发言。

pro- 为什么是向前的意思呢？因为希腊神话中的普罗米修斯（Prometheus）给人类带来了火种，也带来了光明。人们为了纪念他，就用他名字的前三个字母"pro"表示向前、前进。

这样你是不是很快就记住 propose 这个单词了呢？

第二种原因是以为自己用对了方法。我见过一些很努力的学生，他们认真听课，认真记笔记，认真背书、复习，但就是学不好，他们和我说："我尝试了各种方法，我尽力了，但就是学不好。"其实他们往往是努力错了方向，结果事倍功半。

我曾经有个学生痴迷于玩《王者荣耀》，上课时被我发现好几次偷偷用手机看攻略、看"大神"视频。我曾经以为他也是个"大神"，结果有一天一看，发现他打了好几千局，段位也才到黄金，就连我这个只是偶尔上线的玩家都比他高两个段位。后来我跟他打过几局，发现他玩得是真不好，全程被对方盯着"杀"。

跟他更熟悉之后，我终于发现他的问题出在哪儿了——原来他玩了几千局游戏用的都是同一个英雄，还是游戏刚开始免费送的那个，他根本不知道别的英雄都是谁、有什么技能、有什么需要注意的地方、有什么弱点。碰上谁他都只会向前冲，自然被对方"杀"得满地找牙，他的努力自然也是白费。

第三种原因是老师安排的任务不适合使用高级学习策略。高级学习策略不只是单纯地机械性重复学习，它更注重动脑思考，获得认知上的改变。单纯重复是比较低级的学习策略，思考、比较、分析、应用则是高级学习策略。

例如，听写单词答错了，老师罚你将同一个单词抄十几遍甚至几十遍，这就是低级的学习策略。我到现在还深刻地记得当年我默写课文《开国大典》时写了错字，老师罚我将课文抄写30遍，那天晚上我感觉我的手都要断了。

当时我们甚至发明出一只手并排握三支笔一起写的方法，这样一次可以同时写三个单词。使用这种学习策略，手在动，但大脑没有思考，若能记住就真的是怪事了。不但记不住，还会让人对学习产生厌恶。将单词抄了100遍，你可能记住的只是抄写时的焦灼、愤怒、伤心，甚至是对自己的失望和沮丧。

当然，不是说抄写都是无效的，也不是说低级学习策略就不如高级学习策略，这里的高级、低级只有认知是否参与的区别，没有任何比较和评价，只强调哪种策略更适合当下的情况，能更有效地解决问题。

抄写这样的重复行为确实有助于记忆，但几十遍甚至上百遍的抄写就是带有惩罚意味的无用功。记忆是有限的，遗忘是自然发生的现象，而且遗忘有多种原因，如果始终背不下来，背后也许有别的影响因素——恐惧这门课，不会把复杂的内容拆解成简单好记的小部分，不知道怎么将新知识和已经掌握的知识建立关联……这些问题都不是靠简单机械的抄写能解决的。

第四种原因是学习目标与有效学习的目标不一致。我在新东方任教时，很多学生一上来就跟我说："老师，这门课我要听干货，要听最实用的。"每次听到这种要求我都基本可以断定这孩子接下来的考试要挂。

这些学生最想听的是那些所谓的能够短时间快速提分的考试技巧。比如，三长一短选最短，三短一长选最长，长短不一要选B，错落有致就选C；前文出现because，后文一定不选but……他们觉得这才是学习目标。

可这些考试技巧真的有效吗？我曾经见过有学生记了整整三本学习笔

记，全是这种考试技巧，结果他的托福成绩没超过 70 分。

我们一定要明白，参加英语考试的目的，不是获得多高的分数，而是向学校证明自己有能力在大学进行学术研究。

真正的有效学习是用比较少的时间，掌握一些迁移性比较强的能力，而不是把时间花费在重复做题或死记硬背上。

第五种原因是低效能感导致恶性循环。低效能感是一个心理学概念，心理学家班杜拉发现，一些人虽然很清楚自己该做什么，但行动就是跟不上，因为他们缺少对能不能做成这件事的心理判断。这就是自我效能感，即人们是否相信自己能够胜任学习或工作任务，说白了就是是否相信自己能够把事情做好。

低效能感主要是由以往的失败经历导致的。很多人经历考试失败后会陷入一个怪圈，认为学也是这个分数，不学也是这个分数，自己的能力已经定型了。如果没有好的老师或懂教育的父母鼓励、帮助，这样的人很容易自暴自弃，渐渐做什么事都会没有信心，也就更加做不好事情，形成恶性循环。

要想改变这种状况，首先要坚定这样的信念：别人能做到的，我也能做到！

课后作业

（1）列出自己学习中存在的问题 _____

（2）结合上述五种原因进行分析，写出解决方法 _____

_____

_____

_____

1.6 优化提升：如何提出真正有效的问题？

提出一个真正有效的问题，是"怎么办"的第一步。那么什么是有效的问题呢？

所有问题都包括以下三个部分。

◎ 目标：想要达到的最终状态是什么；

◎ 现况：现在已经知道的信息有什么；

◎ 策略：接近或达成目标需要的步骤和行动。

一个有效的、被定义得很好的问题，这三部分都比较清晰、完整——有明确的目标，有清晰准确的现状分析，有清楚的行动规划。我们通常遇到的问题，都是还没有被定义好的模糊问题。要让问题有效，就要把它界定得更加详细、具体。

当被问到为什么数学成绩不好时，很多人的第一反应是"我智商低，对数字不敏感""我理科成绩都不好，从小对这些东西就'不感冒'"……这种回答十分草率，给了自己一个没有任何改变的可能的原因：天生的、从小的、智商低。这些回答会阻碍你找到产生问题的本质原因。

每回答一个问题，你都要认真问自己，这是真的吗？这样真的有道理吗？有什么证据可以支撑呢？其实普通人的智商并没有太大的差距，学不好数学的关键在于方法不对。如果你没有尝试过改变学习方法，如何能得出自己就是学不好数学的结论呢？

我们不仅要学会自我提问，一层一层更加深入地问自己问题，也要慎重地给出答案。一个好问题不是轻易可以提出的，一个好答案也不是马上可以得到的。

[**课后作业**]

针对自己目前在学习方面的问题进行提问,一步步找到问题的答案。

(1)你目前面临的学习问题是什么?_____
_____

(2)为什么会出现这种情况?_____
_____

(3)你总结的原因有证据支撑吗?_____
_____

(4)如果没有,你尝试过其他学习方法吗?_____
_____

(5)你确定自己找到合适的学习方法了吗?_____
_____

(6)这些方法你坚持使用了多久?_____

[**本章总结**]

◎ 成为学霸的"终极三问"。

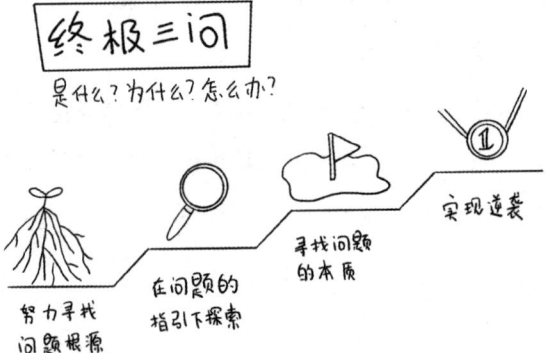

第二章

知识分类

如何利用布鲁姆分类法

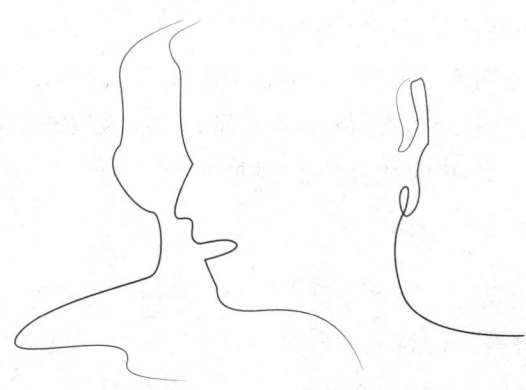

2.1 "翻书马冬梅，合书马什么梅"

有一位学生私下咨询过我这样一个问题：他已经大学毕业十几年了，一直没有系统地学习过心理学知识，最近想参加自考，进修心理学，但是看了两天书发现"翻书马冬梅，合书马什么梅"（电影《夏洛特烦恼》中的一个梗，常用来比喻记忆力不佳），所有知识点都是打开书好像很明白，合上书就什么也不知道了。这位学生很沮丧，问我他这样还有救吗？是不是大脑出了什么问题，已经学不会知识了？

如果你也像他一样，别慌，还有救！

假设你就是提问的这位学生，你想通过自考进修心理学。下面有四条心理学信息：

◎ 西格蒙德·弗洛伊德是精神分析学派的创始人；

◎ 精神分析理论与行为主义理论对于心理学研究方法有截然不同的观点；

◎ 心理学实验设计原则与统计方法；

◎ 你喜欢的有效记忆策略。

你发现这四条信息有什么不同了吗？如果你看不出它们的差别，那我猜你也无法真正理解并记住这四条心理学信息。如果你对心理学的术语不太了解，可以把它们换成做菜相关的信息：

◎ 宫保鸡丁是川菜中的传统菜品；

◎ 川菜以麻、辣、鲜、香为特色；

◎ 宫保鸡丁菜谱；

◎ 你喜欢吃麻辣口味。

这四条心理学的信息或做菜的信息，分别对应了布鲁姆分类法中划分的四大类知识：**事实性知识、概念性知识、程序性知识、元认知知识**，即第一组概念。

我们对知识的归类，其实也反映了我们脑海中搭建的知识体系。如果我们搭建好了属于自己的知识体系，就不会出现翻开书什么都知道，合上书忘得一干二净的情况了。

2.2 弗洛伊德是个人：事实性知识与对应的学习方法

弗洛伊德是一位心理学家，也是精神分析学派的创始人，曾和爱因斯坦、马克思并列被称为对世界影响最大的三个犹太人。不了解心理学的读者看到这里最起码会有个印象——弗洛伊德是个人，这个印象就是本节要介绍的事实性知识。

事实性知识可以简单地理解为"事实"，有特定含义的符号、事件的具体细节等都属于事实性知识。例如，"弗洛伊德是精神分析学派的创始人""宫保鸡丁是川菜""农历8月15日是中秋节"这几句话陈述的都是一个事实，一个简单的知识点。对于单纯的事实性知识，学习起来其实没有什么难度，这些知识不需要我们去理解或推导，只需要记住就可以了。

我们为什么要学习事实性知识呢？因为事实性知识是通晓一门学科或解决相关问题必须了解的基本要素，它们就像是搭建知识体系所需要的砖头。如果你对某个领域没有基本的认知，很难搭建起系统化的知识结构。

例如，前文中提到的弗洛伊德，你对他的认识可以是"他是个人""他开创了精神分析学派""他主张研究潜意识""他提出了本我、自我、超我的人格结构"等。你知道的事实性知识越多，对弗洛伊德这个人的认识就越全面、立体。当你再看到或听到这个人名的时候，能够唤醒的知识也就越多。

事实性知识的可迁移性和抽象程度都比较低，我们很容易就能理解它们是什么意思。因此，相应的学习方法也比较基础，就是记忆。当然，记忆并不只是死记硬背。人的记忆过程其实是一个信息私化的过程，我们可以将这个过程简单理解为，挑东西、加工东西、放东西、拿东西，如图 2-1 所示。

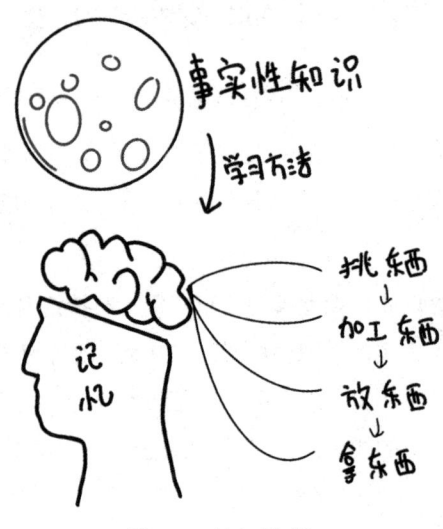

图2-1　记忆过程

挑东西就是选择要背的内容，这部分内容越精简越好。例如，要记忆"弗洛伊德进一步完善了他的潜意识理论，提出了本我、自我、超我的人格结构"这句话，只需提取其中的关键信息记忆即可。

弗洛伊德进一步完善了他的潜意识理论，提出了本我、自我、超我的人格结构。

关键信息：潜意识理论、本我、自我、超我、人格结构。

加工东西就是用自己的方式把信息消化。例如，人格结构让你想到了三角形、冰山、金字塔等,你可以把新的知识和原来的知识建立关联,如图 2-2 所示。

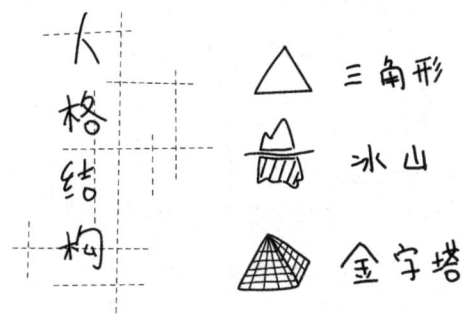

图2-2　人格结构

放东西就是要知道自己背的信息在学科的整体结构中处于什么位置。例如,记忆弗洛伊德的相关信息,你就需要知道自己在了解心理学的知识,再具体一些就是精神分析的起源。这样,如果有人跟你提起心理学、精神分析时,你就能清楚地知道对方在说什么,或者有关这个话题你知道些什么,如图 2-3 所示。

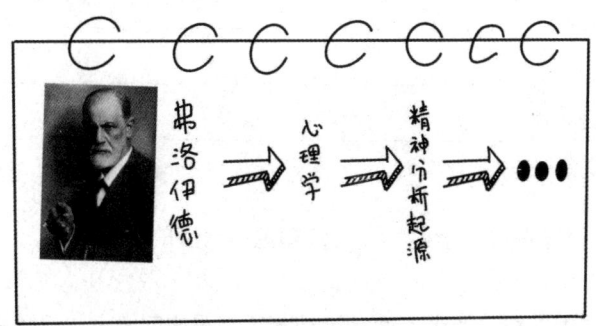

图2-3　弗洛伊德的相关信息

拿东西就是回忆自己掌握的知识。我们考试时或与他人交流时,就是在提取自己的记忆,如图 2-4 所示。

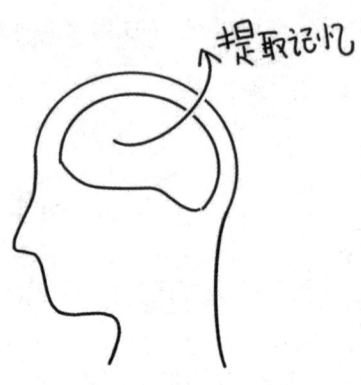

图2-4 提取记忆

总的来说,事实性知识没有理解上的难度,重点是记忆。

[**课后作业**]

针对"233路公交车的末班车时间是晚上10点"这一事实性知识,采用上述方法记忆。

挑东西:_____

加工东西:_____

放东西:_____

拿东西:_____

2.3 弗洛伊德不只是个人:概念性知识与对应的学习方法

上一节中介绍了弗洛伊德是精神分析学派的创始人,但随着心理学的发展,"弗洛伊德"已经不只是单纯地代表一个具体的人物了,而是代表一整套弗洛伊德的理论,如精神分析、潜意识、梦的解析等,此时"弗洛伊德"就成了一种概念性知识。

概念性知识是在事实性知识的基础上总结归纳、建立关联而得出的。顾名思义，**概念性知识就是建立在一些特定的事实性知识上的概念**，包括结构、分类、原理等。

中国有八大菜系，川鲁粤淮扬，闽浙湘本帮，构成了中国菜的"结构"。

其中，广州文昌鸡皮薄骨酥、肥而不腻，属于粤菜；水煮鱼辣而不燥、麻而不苦，属于川菜。我们根据一道菜的某些特点将它划分到一个菜系中，就叫"分类"。

做菜要色香味俱全，讲究选料、刀工、火候、调味，这些我们认为的做中国菜必须掌握的基本功和常识就是"原理"。

那么专业知识中的概念性知识是什么样的呢？用心理学举例，当说到弗洛伊德精神分析理论中"本我、自我、超我"的冰山理论时，是在尝试解释我们的人格结构，它是一个"结构模型"。这个理论将人追求享乐的欲望归为本我，将人追求道德的理性归为超我，这就是在分类，该理论始终体现着"人的行动是为了实现一个目的"这样的心理学普遍原理，如图2-5所示。

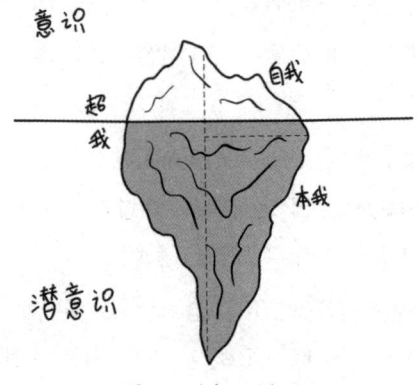

图2-5 冰山模型

现在你知道如何区分事实性知识与概念性知识了吗？

如果说事实性知识是砖头，那么在事实性知识之间建立关联就像是抹水泥，用这些砖头砌成的墙壁就是概念性知识，如图2-6所示。

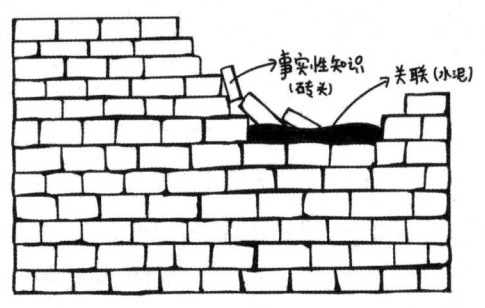

图2-6　概念性知识

没有砖头是搭建不了高楼的，但我们绝大多数人的困境不是没有砖头，而是只有砖头。

前文中讲过一个关于学习的错误认知：大多数人认为知识就是知识量，而学习就是增加知识量。这样理解的话，学习就是把一堆事实性知识散乱地堆在一起，就像散了一地的砖头，自然容易丢、容易忘，即看完书什么都不记得。

掌握概念性知识，相当于用砖头盖别墅的第一步——合理安排这些砖头。**学习概念性知识的关键在于建立联系**。通过寻找现象和问题之间的联系，可以将各种具体的现象概念化、结构化、系统化。

建立联系的过程其实就是知识打包的过程。将知识打包好了，记忆、理解和使用也就轻松多了。同一个概念下的知识往往相互关联，我们还能很好地体会到触类旁通的乐趣。例如，你知道宫保鸡丁是川菜，那么你了解到毛血旺也是川菜的时候，大概率就能猜出毛血旺也是辣而不燥、麻而不苦的味道了。

2.4 我让弗洛伊德变成人：程序性知识与对应的学习方法

从"终极三问"的角度来看，事实性知识和概念性知识说的都是"是什么"，而下面要介绍的程序性知识针对的就是"怎么做"了。

程序性知识一方面包括程序化的步骤，如怎么设计心理学实验、怎么做宫保鸡丁；另一方面包括一个学科中思考和解决问题的方式，如人们虽然常说"我买菜用加减法就够了，难道还要解微积分吗"，但是在双十一打折促销的时候，却又需要精打细算，商家的赠品到底是真的免费还是挖了更大的坑，这时就要调用和数学有关的程序性知识了。

可惜的是，程序性知识作为一种行为方式或是一种思考方式，是没有办法被直接放在教学过程中的，老师没办法直接教，学生也没办法直接学。例如，你要学怎么做宫保鸡丁，如何做宫保鸡丁属于程序性知识，是一种行为方式，你没有办法直接侵入一个厨师的大脑，去感受做宫保鸡丁是怎样的体验。但是你可以看菜谱学，菜谱上的宫保鸡丁的做法属于陈述性知识，是由事实性知识和概念性知识构成的，就像是一本"砌墙手册"，有了这本手册之后，就要自己砌墙，通过实践把陈述性知识转化为属于自己的程序。这样一来，你也就有了"砌墙"的技能。

对于这种技艺、能力的学习，真是应了"纸上得来终觉浅，绝知此事要躬行"这句诗。我们可以从网络、书本上学到各种道理和经验，但不下水学不会游泳，不上路学不会开车，不与孩子共度时光，看再多的育儿宝典也学不会如何构建良好的亲子关系。

简单来说，**对于程序性知识，实践才是硬道理**。我们只有通过反复练习，才能把说明书上干巴巴的知识转化为属于自己的程序。这样一来，我们才算是真正掌握了这些程序性知识。

对于程序性知识的学习主要有以下 3 种方法。

（1）练习。有条件的读者可以反复模拟实操，如果条件不允许，则可以在大脑中通过想象来模拟，以强化程序性知识。

（2）反馈。没有反馈的练习，可能会让人在错误的道路上越走越远。在实操的时候，我们可以和朋友组队，互相纠正，也可以借助手机、相机的摄影功能录下自己的操作流程，结束后对着录像找问题。

（3）比赛。程序性知识的掌握程度一般都能体现在正确率、时间、速度这些客观指标上，我们可以通过不断刷新自己的纪录或和朋友比赛的方式进行练习，这样不仅能提高熟练度，还能降低反复练习的枯燥感。

> **课后作业**

请大家自行寻找一道家常菜的菜谱，在跟随菜谱学习的过程中，实践本节介绍的程序性知识的学习技巧，并记录体验和收获。

_____

_____

2.5 为什么"我"认为弗洛伊德是人：元认知知识与对应的学习方法

在前文中，我们不断切换对弗洛伊德的认知，有时他是一个个体，有时他代表复杂的学科概念，有时他代表一系列的成长过程。那么在哪些情景中我们应该把他看作个体，在哪些情景中我们应该把他当作理论概念呢？这种对思考过程的认知，就是本节要介绍的元认知知识。

元认知知识是关于认知的知识。"元"是超越的意思，超越认知的知识，是指我们对自己的认知过程、结果及与之相关的活动的认知，它使我们能够监控自己正在进行的认知活动，并对活动进行适当的调节。

我们的元认知可以被归纳为两种，一种是关于自己已经知道什么的认知，如喜欢吃辣、喜欢川菜；另一种是关于如何调节自己学习行为的认知，如知道适合自己的记忆策略或不知道适合自己的记忆策略。

如果我们把学习比喻成盖房子，那么我们不仅要掌握盖房子的方法，还要知道应该在什么时候使用这些方法。盖房子除了砖瓦和泥瓦匠，还需要一个把控施工现场的监工，时刻监测当下的施工方式有没有问题，并按照图纸和进度调整工作，这个监工就代表元认知知识。

元认知水平的差异会造成人与人之间的巨大差异。例如，我们在日常生活中经常遇到一些假冒的专家，比起真正的专家，假专家缺少的其实就是元认知知识。同样是掌握了学科方法论，真正的专家拥有一套能够帮助自己做出何时何地用何种方法的决策的准则，他们的知识是条件化的，而假专家只会告诉你"每个方法都试一遍，总有一个是有用的"。

例如，关于发烧这件事，我们都知道很多降温的方法：物理降温、吃退烧药、打针、输液等。但是患者的年龄不同，身体状况不同，发烧持续的时间和温度也不同，需要采用不同的治疗方案。对具体问题进行具体分析，就属于元认知的范畴。

再如，学英语要背单词，有的人直接背词典，从abandon（放弃）开始背；有的人发现只背单词不行，把单词放在句子里就不认识了，所以连例句一起背，但是又发现了新问题——例句中每个单词都认识，但是换个句子换个语境就又不认识了。

背单词的方法多种多样，把每种方法都试一遍有用吗？答案是有用，但是有没有效率就不一定了。由此我们可以发现，没有元认知知识，人们就会像"没头苍蝇"一样，只能做一些毫无章法的无用功，学习效率极其低下。那么元认知知识究竟是什么呢？

元认知十分抽象，下面还是以背单词为例进行讲解。对认知的认知就是对自己强项和弱项的了解，对自己知识基础的广度和深度的了解。例如，自己是否擅长记忆，单词量有多少；掌握的单词大多是日常用语还是某个专业领域的术语；掌握的单词中有多少是只认识，有多少是熟练掌握，等等。

我们除了要了解自己，还要拥有对策略和自我认知进行调控的能力。例如，同样是准备英语考试，考四六级和考托福、雅思的备考策略就不同；再如，同样是背单词，使用单词APP、背词典、看英语文章，这三种方法哪种更高效，哪种更适合自己，在备考前半年用什么方法记忆，临上考场时用什么方法温习，都需要我们根据自己的现状和客观情况进行判断。

具体来说，元认知知识使我们具备回答以下问题的能力。

（1）关于这一主题"我"知道什么？

（2）"我"需要多少时间学习这些内容？

（3）如果要解决某个问题，最佳的方案是什么？

（4）如果执行了最佳方案，可能出现的结果是什么？对这样的结果是否满意？

（5）"我"该怎样调整程序？

（6）怎样发现自己犯的错误？

（7）"我"理解自己阅读的内容吗？

学习元认知知识其实就是学习如何学习，掌握了元认知知识，我们就可以对自己的学习方法有清楚的认识，并能够根据自己对知识的认知需求调整自己的学习方法。

总体来说，知识可以分为事实性知识、概念性知识、程序性知识和元认知知识，这四类知识的应用范围各不相同，我们在学习时自然不可能记住所有信息或精通所有技能，因此要达到通过考试、进修专业的目标，我们还需要知道针对不同的知识，需要采取的行动是什么。

> **课后作业**

假设你半年后要参加一场英语考试，利用元认知知识回答以下问题。

（1）关于这一主题"我"知道什么？

_____

（2）"我"需要多少时间学习这些内容？

_____

（3）如果要解决某个问题，最佳的方案是什么？

_____

（4）如果执行了最佳方案，可能出现的结果是什么？对这样的结果是否满意？

_____

（5）"我"该怎样调整程序？

_____

（6）怎样发现自己犯的错误？

_____

（7）"我"理解自己阅读的内容吗？

_____

2.6 综合拆解：如何将一本书读出层次感？

如何将一本书读出层次感，涉及第二组概念——认知的层次。

按照布鲁姆分类法，学习的认知过程一共分为 6 个层次：记忆、理解、应用、分析、评价、创造，这 6 个层次的难度是依次递增的，如图 2-7 所示。

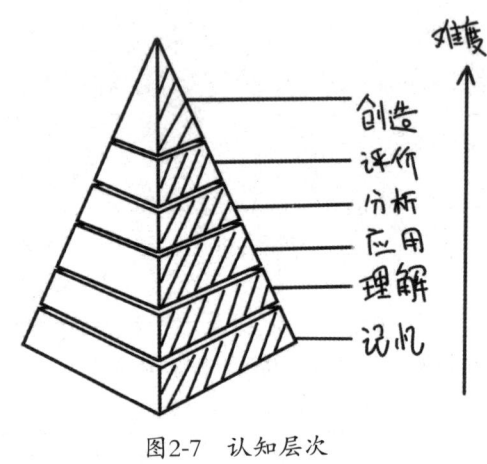

图2-7　认知层次

第一个层次是记忆，它是最基础的认知过程。记忆大体分为识别和回忆两种。

什么是识别？

欲穷千里目，＿＿＿＿＿＿＿＿。

A. 更上一层楼　B. 高出世尘间　C. 不识庐山真面目　D. 不畏浮云遮望眼

选对了就算做到了识别。

什么是回忆？

不要往前翻，本书上一节讲的是什么内容？

＿＿＿＿＿＿＿＿＿＿＿＿＿＿＿＿＿＿＿＿＿＿＿＿＿＿＿＿＿＿＿＿＿＿

如果你能写出来，就说明你能够回忆起前文讲过的内容。

做到了识别和回忆，就算是达到了记忆层面的认知。

第二个层次是理解，即我们不仅要记得住，还要明白到底是怎么一回事。有时我们说不清楚自己究竟有没有弄懂一件事，经常会出现误以为自己懂了，但其实没有完全理解的情况。例如，上课时我们觉得老师讲的知识都听懂了，可考试时却答不出题，这就说明我们并不是真的理解了知识。

如果想检测自己到底是理解了知识还是仅仅记住了知识，用自己的话把学过的内容复述一遍是个很好的方法。

写出最近一堂课所学的内容：＿＿＿＿＿＿＿＿＿＿＿＿＿＿＿＿

用自己的话复述一遍所学内容：＿＿＿＿＿＿＿＿＿＿＿＿＿＿＿

第三个层次是应用，即我们不仅要弄懂某一知识，还要能灵活运用。应用可以分为运用和执行。如果你可以把某一知识运用到特定的场景中，还可以有效地执行运用的过程，那么就达到了应用的层次。

假设你通过看菜谱，记住了番茄炒蛋的烹饪步骤，也理解了炒菜这件事，那么你能做出这道菜吗？请你试一试并将自己做的番茄炒蛋的照片贴在下方。

第四个层次是分析，即我们对所学知识的应用不是盲目地套用，而是知其然也知其所以然，在应用时有一个分析的过程。也就是说，我们要能够区分不同知识的应用条件，合理组织这些知识以将它们充分应用到实际案例中，并清楚自己为什么要这样应用这些知识。

假设你已经学会了炒菜的基本步骤，也会做番茄炒蛋这道菜了，那么你能根据这些知识做出一道宫保鸡丁吗？请你试一试并将自己做的宫保鸡丁的照片贴在下方。

第五个层次是评价，即我们不仅要能分析自己对某种知识的应用情况，还要知道这样应用有哪些优势、有哪些不足，面对不同的情况应该怎样调整应用策略。

对自己做菜的手艺做出评价。

_____

_____

最后一个层次是创造,也是要求最高的一个层次,即利用所学知识创造一个新问题并给出答案。首先我们要从自己所学的知识中产生创造新问题的灵感,然后要给出合理、可行的计划,最后要能按部就班地实施计划并产出成果。

根据现有知识设计一道新菜:＿＿＿＿＿＿＿＿＿＿＿＿＿＿＿＿＿＿

列出制作这道新菜需要的食材、做法:＿＿＿＿＿＿＿＿＿＿＿＿＿＿

将做出来的新菜的照片贴在下方。

之所以把认知分为6个层次,是因为不同场景对学习的要求不同。而针对不同的要求,学习方法和侧重点也会有所不同。例如,同样是学英语,如果你是为了考过四级,顺利拿到毕业证书,那么你对不常考的单词、语法只需要达到记忆层次的认知,而对考试高频词句则需要达到理解甚至应用层次的认知;如果你是为了出国留学,那么你需要熟练应用学术英语和日常英语,以满足学习和生活中的各种需求;如果你是为了欣赏英语文学作品,那么你对英语这门语言及其文化背景的认知就要达到分析、评估甚至创造的层次了。

介绍了这么多,我们作为学习者,到底应该如何利用布鲁姆分类法呢?

请你先反思一下自己的学习计划。了解了知识分类和认知层次,我们就可以利用布鲁姆分类法来明确学习目标,而明确了学习目标后,我们就可以选择效率最高的学习方法,做到有的放矢、对症下药了。

例如,前文中提到的那个想要通过自考进修心理学的学生,因为学习不系统而苦恼,但是又看不进去书,好不容易看完书又记不住其中的内容。你是否也有这些困扰呢?针对这样的问题,你以前会怎么做呢?请仔细回忆一下,你是不是经常这样说:"我要读完这本书""我要听完这门课"。

现在有了布鲁姆分类法,你就可以把"这本书""这门课"细分成四类,把"读完""听完"这样模糊的动作细分成六个层次。

用布鲁姆分类表拆分心理学知识的效果如表 2-1 所示,大家可以参考表 2-1 拆分自己要学习的知识。

表2-1 布鲁姆分类

	事实性知识	概念性知识	程序性知识	元认知知识
记忆	熟知心理学专有名词与术语,熟悉重要思想家与研究者及其相关著作	熟悉各流派核心理论,了解理论的时代背景、形成原因、发展延伸与对后世的影响	熟悉科学研究的基本过程,了解科学研究中不同范式的产生、发展与步骤	了解普遍的学习策略,回忆过往使用过的学习方式

续表

	事实性知识	概念性知识	程序性知识	元认知知识
理解	辨析不同术语的差异，举例说明重要概念，概括、归纳重要研究的理论依据与研究过程	概括、阐述不同理论流派的观点，比较其中异同	理解不同研究方法与范式的实施过程，比较其中的优势与局限	理解人类认知的局限性，例证认知偏差
应用	运用所学概念描述、解释生活经历或社会现象，参考既往研究成果调控现实行为	运用不同理论描述、解释、分析社会现象，为现实行为提供理论依据和指导	在给定研究设计的情境下确定其研究方法或范式的有效性与合理性；灵活掌握统计方法	运用所学知识理解自己，解释社会现象，调控自己的学习策略与学习计划
分析	辨别重要定义与相关研究中的论据与驳斥的部分，概括多个定义或研究之间的关联	对比不同流派分析社会问题的理论之间的区别，整合不同理论的观点	归纳学术研究的论证方法，理解研究目的与研究方法之间的关系；分析数据并做出解释	从认识论视角分析研究者的理论的形成方式与过程，对比不同研究方法、学习方法的特点
评价	理解术语在研究发展过程中定义变化的关联和原因，分析不同术语或不同研究之间的关系	理解不同流派内部和外部的矛盾；判断不同理论框架的现实意义	检查研究中的问题提出、理论整合逻辑、研究方法择取、数据处理、结论形成的合理性与严谨性	根据自身特质与认知风格评估不同的研究方法、学习方法的优势，理解不同学习目标与策略的联系

续表

	事实性知识	概念性知识	程序性知识	元认知知识
创造	发现某种社会现象背后的问题	基于既往理论，对发现的问题提出假设与解决方案	设计研究步骤，根据问题制订合理的研究计划	结合自身特质与环境条件整合、改良研究方法和认知方法

每个人的精力和时间都是有限的，在有限的时间内领悟重点内容，并学以致用，才是更加高效的"学霸式"学习方式。

本章总结

本章从布鲁姆分类法入手，从知识分类和认知层次两个维度拆分、定位学习目标，其中知识分为事实性知识、概念性知识、程序性知识和元认知知识四个类别；认知层次由浅入深分为记忆、理解、应用、分析、评价、创造六个层次。大家可以把自己的学习目标，也就是要对什么类别的知识有什么程度的认知，对应到图 2-8 所示的 24 个格子中，然后根据不同的需求制订相应的学习计划。

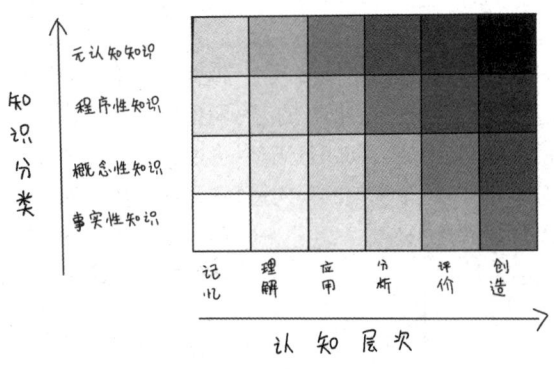

图 2-8 学习目标分类

第三章

信息检索

99%的问题都会被解决

3.1 拒绝闭门造车：检索力让你的人生少走弯路

随着信息技术的发展，人们已经被淹没在了铺天盖地的信息洪流中，各种信息都会被手机推送到人们的眼前。信息检索这项技能可以帮助人们从身不由己的洪流中脱离出来，主动寻找知识。

掌握这项技能后，你就可以从多如牛毛的碎片信息中过滤出对自己有价值的内容，同时也可以保证自己的思维不被庞杂的信息误导和干扰。

关于信息检索，最重要的两点分别是检索的有效性和信息的真实性。这两点无论是在检索日常信息时还是学术资料时，都需要我们着重考虑。

首先请你回想一下，什么时候会用到信息检索这项技能？

◎ 想买某件商品时，在京东、淘宝、拼多多等电商平台检索、浏览；

◎ 肚子饿得咕咕叫而又懒得动手做饭时，打开外卖APP选几道自己爱吃的菜；

◎ 无所事事时，想看实事新闻，于是选择刷刷微博热搜；

◎ 之前工作太忙，没时间追剧，最近闲了下来，想找几部电视剧看；

……

如今网络上的信息非常多，要找到自己需要的内容谈何容易。信息检索就好比打鱼，海量的信息就是打鱼的水域，一网下去，有时候什么也捞不到，有时候各种鱼被一起捞上来了，折腾半天才能挑出自己想要的鱼。在这种情况下，打鱼就有两个问题：

（1）如何撒网才能保证捞到想要的鱼（对应检索的有效性）；

（2）如何挑选捞上来的鱼，保证带回家下锅的是能吃的鱼（对应信息的真实性）。

我们先来看看撒网这件事，捞不到鱼有两种原因：

（1）网织得不够细，拿一张大网眼的渔网捞小金鱼，基本和姜太公钓鱼一样，讲求愿者上钩；

（2）撒网的水域不对，如你不能在江里捞带鱼，不能在海里捞鲤鱼，你需要知道自己要捞的鱼一般在什么水域，然后朝鱼群撒网。

同理，搜不到自己需要的信息，其实是因为检索语句不够明确，被搜索引擎误会；或者是因为没有找对检索渠道。要想获得符合期望的检索结果，我们一方面要优化检索词，另一方面要选择合适的检索渠道。

3.2 日常信息检索：优化检索词与分类检索

3.2.1 优化检索词

优化检索词分为两步，第一步是确保自己输入的是检索词，而不是一个问句。比起句子，搜索引擎更擅长处理词。如果你的检索目标是一个问题，可以把问题拆分成关键词，这样得到的检索结果会准确很多，如图3-1所示。

第二步是追加检索词以缩小检索范围。如果你给出的检索词会检索出一些干扰结果，那么可以对比你的目标信息和混淆信息，尝试追加目标信息特有的检索词或换一个更加专业的检索词来缩小"包围圈"。

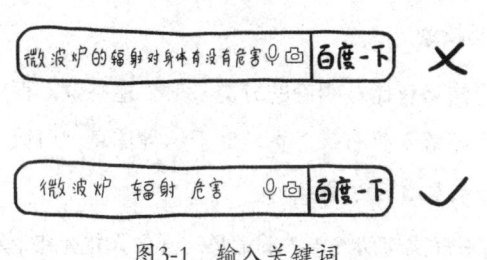

图3-1 输入关键词

例如，要找文姬辨琴的典故，在百度中输入"蔡文姬"三个字，检索结果中很多信息都是某个游戏中的角色蔡文姬的攻略，如图 3-2 所示。

这时就需要追加"史书""典故"等检索词，或者直接检索蔡文姬的本名"蔡琰"，这样检索结果就会理想很多，如图3-3所示。

图3-2 "蔡文姬"百度检索结果　　图3-3 优化检索词后的检索结果

[**课后作业**]

目标信息：电视剧《清平乐》中司马光的扮演者是谁？

第一步：拆分关键词。

_____

第二步：追加目标信息特有的检索词。

_____

3.2.2 分类检索

如果要找的信息有比较明确的分类，那么在谷歌、百度这类通用渠道中找到的信息可能就不具有针对性。对于这种信息，可以在一些专精于某一垂直领域的检索渠道进行检索。

◎ 如果你想查找与动漫相关的信息，那么无论是维基百科还是百度百科，都不如萌娘百科有趣、有料；

◎ 如果你要查找一些经济管理方面的知识，那么通过MBA智库检索的

结果会专业很多;

◎ 如果你想看高质量的影评、书评,那么在豆瓣查找相关内容或关注专业影评公众号会很方便。

采用先进的打鱼方法可以提高效率,但"食品安全"也是一个不容忽视的问题。我们对于检索出来的信息不能照单全收,还需要对信息本身和信息来源进行评估,看看哪些信息可靠,哪些信息不可靠。

信息评估可以从权威性、可靠性、客观性、专业性、准确性和时效性6个维度入手,如图3-4所示。

图3-4 信息评估的6个维度

如果信息评估不到位,可能会造成很严重的后果。很多人听说过魏则西事件:魏则西生病后在百度上求医,轻信了"莆田系"医生,采用了国外已经淘汰的生物免疫疗法,不仅被骗了很多医疗费,还错过了最佳治疗时间,最终不幸离世。为了避免错误信息带来的危害,我们一定要对检索结果进行评估。下面以健康相关信息的检索结果为例,介绍评估信息的具体方法。

第一,评估信息的权威性,主要是对信息来源主体进行评估,看它在相关领域内是否具有足够的权威性。例如,查看一家医院的医疗等级评定结果，基本可以判断这家医院的医疗水准。

第二，评估信息的可靠性，主要是对信息来源的真伪进行查证，辨别为我们提供信息的网站是不是伪造的。一般来说，我们可以通过网站的后缀获取相关信息。例如，有些后缀表示网站类型：

◎ .com是商业组织；

◎ .gov是政府部门；

◎ .edu是教育机构；

◎ .org是非营利组织；

……

有些后缀表示地区：

◎ .cn表示中国；

◎ .uk表示英国；

◎ .us表示美国；

◎ .eu表示欧洲；

……

此外，我们还可以去认证机构查看网站的相关备案。从事医疗保健、医疗器械的网站都需要经过省级卫生局审核，在所在地的卫生厅或卫生局会有备案。

第三，评估信息的客观性，我们要了解信息来源主体的立场，看它和信息相关主体之间的利益关系。我们可以在网站的"关于我们"板块查看这个网站对自己的描述，还可以通过第三方的评价进行佐证。

第四，评估信息的专业性，我们可以通过信息来源的受众和信息来源对自己的定位，判断它到底是一个学术科研交流类的媒体，还是通俗科普类的媒体。

第五，评估信息的准确性，即判断信息本身是否准确。如果得到的是二手信息，就要追本溯源，看看它有没有在转述的过程中失真；如果得到的是一手信息，那么可以将它和其他来源的信息进行交叉验证。例如，公众号中写到"酸碱体质理论"，我们就要先判断这个理论是不是以讹传讹或他人臆造的，如果不是，再继续深读。

第六，评估信息的时效性，也就是要查看得到的信息是不是过时了，有没有更新的信息。就拿生物免疫治疗来说，我们需要了解它是不是最新的疗法，有没有被新的方法取代。

不同信息侧重的角度不同，我们要牢记这6个维度，尽量考虑得更加周全。

课后作业

问题：如何选择3500元左右的手机？

假设你打算换手机，预算为3500元左右。你想在网上检索相关信息，找到性价比最高的手机。接下来请你从6个维度对检索到的信息进行评估。

第一，权威性。

_____

第二，可靠性。

_____

第三，客观性。

_____

第四，专业性。

_____

第五，准确性。

_____

第六，时效性。

3.3 专业信息检索：确定目标、选定策略、展开检索、信息评估

学会了有效检索，并能够判断自己检索到的信息是否可靠之后，我们可以放心地对日常信息进行检索，但是在进行学术研究或是查找专业性较强的知识时，我们需要的信息可能非常复杂，简单的检索方法可能无法满足我们的需求，这时我们就需要一套更加完备的学术信息检索方法。

学术信息检索方法一共分为四个步骤：确定目标、选定策略、展开检索和信息评估，如图3-5所示。

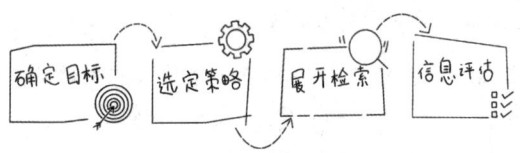

图3-5 学术信息检索步骤

第一步是确定检索目标。检索目标就是检索的范围或要检索的问题。这一步和日常检索的第一步很像，只不过在日常生活中，我们要查找的问题比较明确，如"宫保鸡丁怎么做""APP总是闪退怎么办"，但是在学术环境下，有时只有一个像"雾霾""食品安全"这样比较笼统的话题，并没有已经提出的问题，所以我们要做的第一件事，就是围绕这个话题提出自己的问题。

例如，曾经有民间科学爱好者提出，如果有1500万人在北京拿蒲扇朝同一个方向扇风，就可以除去北京的雾霾，他们还拿这个"见效快，成本低，无副作用"的方法去申请专利。如果我们想就这个方法展开研究，看看扇蒲扇究竟能不能除雾霾，那么雾霾就是我们的研究主题。

我们可以围绕这个主题，从背景信息、相关概念和知识结构三个方面提

出问题,如自己所在的城市有没有受到雾霾的严重污染,"PM2.5"是什么等。

有了目标之后,第二步是选定检索策略,这也是学术检索和日常检索最大的差别。生活中,我们要找的信息一般都很简单,如娱乐新闻、生活技巧,但是学术检索需要的信息量非常大,信息种类也比较复杂,很多不常见的信息可能要花费很多精力才能找到。对于这种情况就需要制定检索策略,一方面可以提升检索效率,以便小组成员合理分工协作;另一方面可以适应不同的检索需求,有助于我们更好地整理自己得到的信息。

针对不同的检索需求,检索策略一般可以分为三种,分别是系统化结构式检索、关联网络式检索和地毯式检索,如图3-6所示。

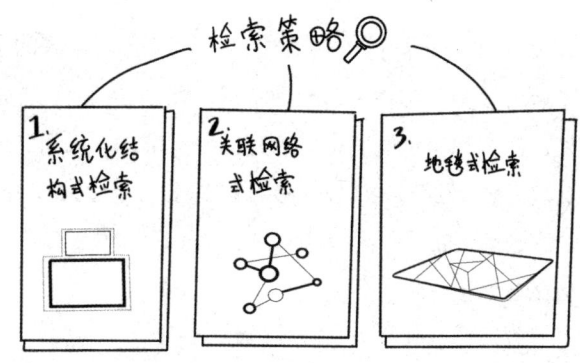

图3-6 信息检索策略

1. 系统化结构式检索

这种策略会搭建一个树状网络,可以更好地帮助我们形成对某一个领域的结构性认知。需要系统地了解某一领域时,通常采用这种策略。

该策略有两种形式,一种是由一个比较宏观的主题出发,层层细化到不同的分支概念,分别了解每一个分支的含义,自上而下地建立与这个宏观主题有关的知识结构。例如,我们可以从雾霾这个主题出发,查看其定义、成分、成因等多个子概念,逐层细化,建立一个完整的知识体系,如

图 3-7 所示。

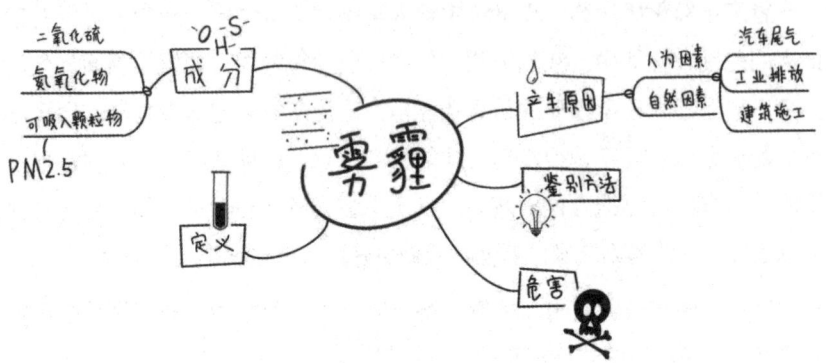

图3-7　系统化结构式检索

另一种是由某一个概念开始，层层追溯，回溯到它所属的宏观主题，自下而上地了解与这个概念相关的宏观背景，然后回到上一种情况，再从高级概念出发，研究和这个概念相关的其他分支信息，从而对这个概念有一个更加系统的了解。例如，可以从高频词"PM2.5"入手，回溯到"雾霾"这一主题，然后进行拓展。

2. 关联网络式检索

该策略是一种"顺藤摸瓜"的检索策略，一般我们要进行探索性的检索以满足自己的好奇心时，会选择这种检索策略。有时我们要研究的问题并不局限于一个领域，可以使用这种检索策略解决跨领域的问题。

该策略和联想类似，是由一个信息点出发，引出其他相关的信息。通过这种策略得到的检索结果的结构性不会像通过第一种策略得到的那么强，各结果之间的联系相对比较松散，但是涉及的信息面相对比较广泛。

例如，某些网友声称扇蒲扇可以治理雾霾，那么就可以从蒲扇入手，查查一把蒲扇能扇出多大的风，是否能够吹散雾霾。这时就要知道雾霾的成分，雾霾的主要成分是二氧化硫、氮氧化物及可吸入颗粒物，想要靠蒲扇扇出的风吹散雾霾,简直是天方夜谭。

我们可以进一步查找治理雾霾的方法,从处理已经产生的雾霾和预防雾霾产生两个方面入手,要预防,就要了解雾霾的来源……利用关联网络式检索策略,我们可以从自己感兴趣的点切入,来满足自己的好奇心,如图 3-8 所示。

3. 地毯式检索

该策略用于对目标进行全面的信息搜集,常用于以下几种情况:

◎ 搜集论据;

◎ 写文献综述;

◎ 全面了解某领域现状;

◎ 通过全面了解相关信息,总结行业发展规律。

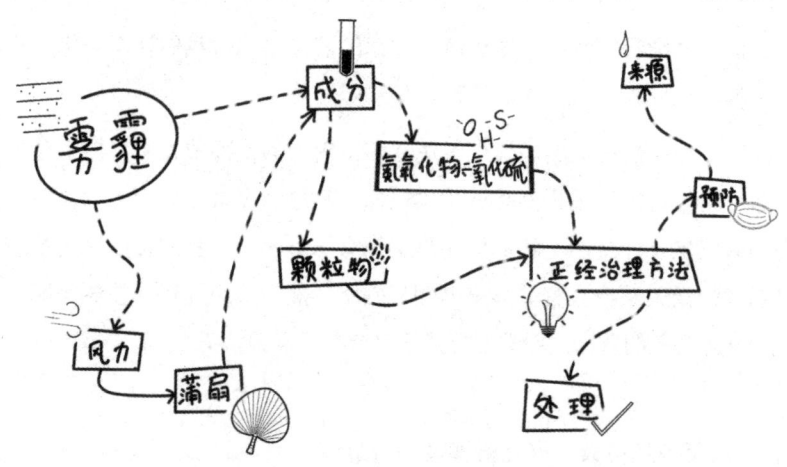

图3-8　关联网络式检索

采用地毯式检索策略首先需要把检索目标按照两个维度进行分类,绘制一张二维表(见表 3-1),然后逐项进行检索,每检索到一部分信息,就在表格中做相关的记录,这样一项一项像翻地毯一样排查可以避免重复和遗漏。

例如，我们想了解我国各个地区的雾霾污染情况，就可以按照地区和各项空气质量指标两个维度绘制二维表，然后去搜集各地区年平均空气质量指数（AQI）、空气污染指数（API）、一年中严重污染的天数、最高污染指数等数据。

表3-1　雾霾污染调查表

	AQI	API	严重污染的天数	最高污染指数	……
北京					
天津					
上海					
……					

很多时候我们对检索结果有多方面的需求，此时我们就需要组合使用这三种检索策略，灵活地满足不同的需求。

例如，我们早上出门发现天色昏暗，周围的人都戴上了口罩，我们可能会出于好奇采用关联网络式检索策略，从恶劣天气和环境污染入手，看看到底发生了什么，了解到可能是受到雾霾影响后，我们可以采用系统化结构式检索策略建立有关雾霾的知识网络，然后采用地毯式检索策略，查找和雾霾有关的数据，看看自己是不是处在"霾口浪尖"上。

3.4　内部信息检索：专业检索技巧与渠道

前几节中介绍了常用的信息检索技巧，当我们可以根据不同的目标制定合理的检索策略后，就可以进行高效的信息检索了，这些检索技巧基本能满足大多数人的日常需要。当然，除了这些常用的检索技巧，还有一些适合专业人员使用的检索渠道和检索技巧。

如果你属于科研人员、商业分析师等对信息要求更高的群体，那么一定要建立自己的专业渠道库，因为你检索到的信息不仅会影响"今天去哪儿吃饭"或"周末去哪儿玩"，还会影响你的工作和未来发展前景。

建立专业的检索渠道库只需要找到某个领域中的权威网站即可。如果我们只是泛泛地检索一些信息，通常直接打开百度或谷歌等通用的搜索引擎即可；如果我们要查找美食推荐，则会习惯在美食 APP 上找；如果我们想看旅游攻略，会直接打开旅游 APP 或网站。这些操作本质都是在细分的信息源中检索更加具体、详细的内容。

同样，如果我们要查找图书、期刊、论文，那么可以选择高校图书馆、万方数据库、知网或 Google Scholar 这类比较可靠的渠道；如果我们要查找与哲学相关的知识，则可以查询斯坦福哲学百科；如果我们需要查找商业数据，Business Insight Global 或许可以帮助我们。像这样的专用渠道还有很多，我们可以在平时进行信息检索时多积累一些渠道，保存下来，建立自己的渠道库，这样以后检索相关领域信息的时候会方便很多。

此外，我们还可以使用布尔逻辑优化自己的检索词，缩小检索范围，以获得更准确的检索结果。布尔逻辑通过"与"（AND）、"或"（OR）、"非"（-）表达每个词之间的关系。例如，我们想检索和北京有关的信息，但是不需要和雾霾有关的信息，就可以检索"北京 - 雾霾"。

3.5　信息评估：信息源过滤与质量提升

信息检索的最后一步就是信息评估，也是最重要的一环，它要求我们从权威性、可靠性、客观性、专业性、准确性和时效性六个方面综合评估信息的质量。关于这部分内容，可能很多人会觉得多余——我只是找一家餐厅或买一件衣服，还需要评估信息吗？答案是肯定的。我们正处在"信息爆炸"的世界里,周围充斥着各种虚假、夸大的信息,就连一件普通商品的评论都有可能是刷出来的,我们需要具备一定的信息评估能力,尤其是在学术环境下,对信息评估能力的要求会比日常检索时更高。

信息评估的核心原则就是多方查证。关于同一个话题,我们需要找到不同人对这个话题的看法,这样才能最大程度地避免被他人的主观看法误导。复杂的信息评估可能会涉及进一步的信息检索,牵扯到许多其他信息,所以我们往往要进行多次查证,才能得到相对客观、公正的结果。

[**本章总结**]

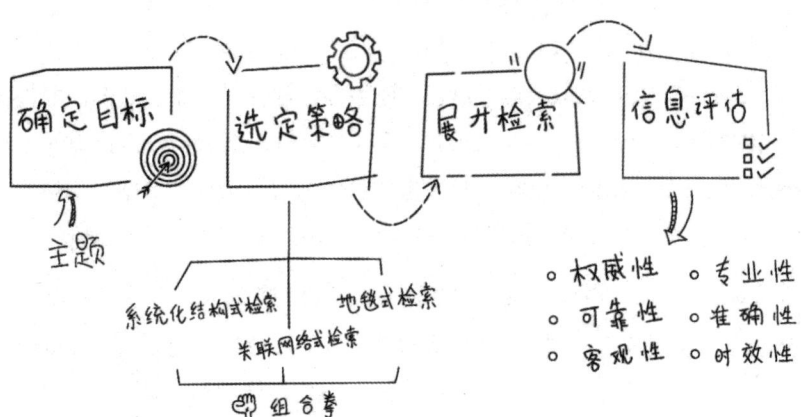

笔记进化

重塑思维的笔记思考术

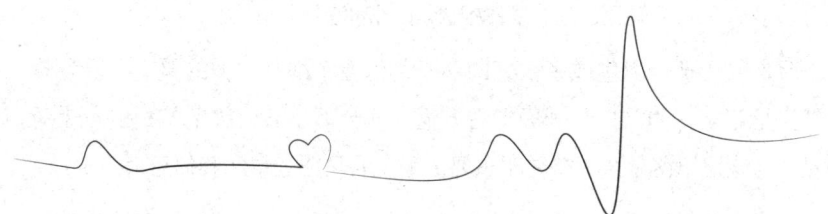

4.1 破除笔记误区：花花绿绿的笔记就是好笔记吗？

"你会记笔记吗？"

"记笔记谁不会？！"

没错，人人都会记笔记，但对学习的帮助却大不相同。笔记是有效提升学习效率的工具，记笔记之前大家都应该思考一个问题：什么是好笔记？

我认为，只有真正能够帮助我们思考的笔记才是好笔记。

我上高中时班里有一对同桌，一男一女，就坐在我前面。男生是个学霸，每次考试都是年级前几名，女生相对学得比较困难，虽然非常努力，但成绩总在年级的中下游徘徊。

上课时，男生几乎不记笔记，大部分时间都看着老师，偶尔低下头在笔记本上写两笔，记的笔记跟"鬼画符"一样，既潦草又难懂。而女生则非常认真，笔记记得特别漂亮，字迹工整，有好几种颜色的标注，更厉害的是她还画得一手好素描，能把书本上很多复杂的图形搬到笔记上，连同桌的男生都经常借她的笔记看两眼。

这个例子让我很长一段时间都在怀疑记笔记是否有用，莫名有了一种只有"学渣"才记笔记，学霸都靠天赋领悟的错觉。

后来我和那个男生成了很好的朋友，借看了好几次他的笔记，我发现他其实是记笔记的，只是一般人看不懂。他告诉了我有关记笔记的一个重要原则：**笔记记得是否工整并不重要，重要的是要能帮助我们思考。**

很多人认为笔记就是用来记录信息的，但其实和我们思维的联系才是记笔记的关键。

图 4-1 展示了美国国家训练实验室关于主动学习和被动学习的实验数据。

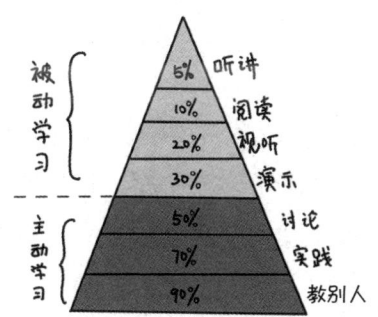

图4-1 美国国家训练实验室的实验数据

从图 4-1 中我们可以看到，不进行深度思考的听讲属于被动学习，学习效率只有 5%；而讨论、实践和教别人都属于主动学习，学习效率都在 50% 以上。

思考是长时间的，而笔记的作用是帮助我们减少记忆负担，从而可以更加深入地思考。

在最近几年的教学中，我发现关于记笔记这件事大家逐渐走向两个极端——要么把笔记记得密密麻麻，要么完全不记。那些不记笔记的人，大部分是离开了应试教育的成年人，没有考试的压力。他们并不是觉得自己有"过耳不忘"的能力，而是觉得听多少算多少，说白了就是抱着"忘了就忘了"的心态。这样的学习方式就像磨刀没有磨刀石、砍柴没有斧头一样，其实非常低效。

而疯狂记笔记的人就像小学生被罚抄句子一样，过手不过脑。有些笔记非常潦草，只有本人能看懂；有些笔记虽然看起来很工整，但只能算是总结性的陈列知识点，并不能算是思考型笔记。而且密密麻麻的笔记还会让我们产生一种错觉，认为自己花了很多时间学习，实际上并没有很好的效果。

学习时间长不等于学得好，笔记记得多不等于记得好。只会盲目抄写，做一个"教材搬运工"，是低效率的记笔记，对我们的学习并没有太大帮助。

要想做出一份好的笔记，思考才是关键！这就涉及"一句关键"与"两个时间"。

1. 一句关键

好的笔记是帮助我们思考的工具,那么我们要如何思考,思考什么呢?这里给大家一个核心金句:一眼望穿想关系,时刻都问为什么。

"一眼望穿"的是知识结构,是成长路径;"想关系"想的是知识点之间的关系,以及知识与现实生活的关系;"问为什么"是自我提问,通过不停地自我提问可以充分掌握并理解知识。

下面以图 4-2 所示的笔记为例进行讲解。

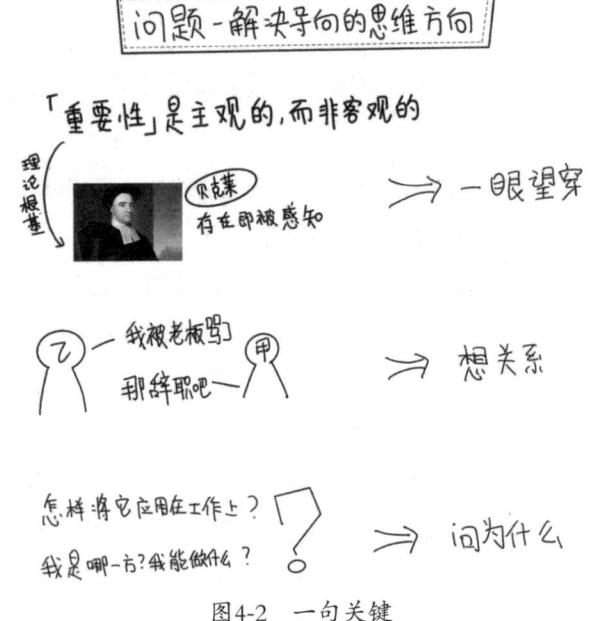

图4-2 一句关键

一眼望穿:以甲、乙对话中的矛盾引出核心观点,即"重要性是主观的,而非客观的",然后拓展到工作中如何理解"重要性"。

想关系:甲、乙的对话为什么能引出"重要性是主观的,而非客观的"

这个观点呢？因为乙说出"我被老板骂了"的背后，是一种对情绪的宣泄和表达，希望得到的是甲的安慰与关照。而甲对这句话的理解则是乙是来找解决方案的。

两个人对"被老板骂了"这一客观事实有着不一样的理解，一个人认为情绪更重要，另一个人认为解决问题更重要，因此得出结论：重要性是主观的，而非客观的。这就是通过逻辑推导出的关系，并且这个观点来源于贝克莱的哲学观点——存在即被感知。这是一种溯源关系。

最后把这个观点迁移到职业和创业的启发上，是理论与现实生活之间的关系。

问为什么：我们应该如何运用"重要性是主观的，而非客观的"这个观点呢？怎样将它应用在职业和创业中呢？甲能感知到问题是什么吗？乙能感知到的问题是什么呢？"我"是哪一方？"我"能做的是什么？

2. 两个时间

什么时候记笔记？笔记应该记什么内容？

（1）信息输入时→记关联型笔记；

（2）信息整理时→记反思型笔记。

4.2 课堂上的空雨伞：关联型笔记

如何记一份好笔记呢？上节中提到了"两个时间"的概念，其中，在信息输入时记关联型笔记指的是在课堂或会议这种需要我们处理大量信息的情境中，要适当用笔记帮助自己思考。

记关联型笔记的关键是时刻思考知识点之间的关联，思考如何把知识应用到实际生活中，让知识发挥作用。

下面介绍记关联型笔记的具体方法。

1. 记法：工具和方式

我建议大家用手写的方式记笔记。有的读者可能会问，用电脑记笔记又快又省事，不是更好吗？

曾经有心理学家做了一项研究，让两组大学生分别用电脑和纸笔记笔记，然后下课对他们进行测试。测试结果显示，用纸笔记笔记的学生对概念的理解程度更高，而且更能灵活运用学过的知识。

诚然，用电脑记笔记速度更快，能记录的内容也更多，但也因此容易把课堂笔记记成逐字稿。信息太多，在大脑中停留的时间又太短，思考就很容易流于表面。而用纸笔记笔记，虽然无法记录全部内容，但在记录的过程中，大脑要先筛选、总结出重要的信息，然后提炼其中的内容和逻辑，最后把精华部分记录下来，这个过程可以加深对知识的理解。

推荐工具：纸、笔，如图 4-3 所示。

推荐方式：手写。

图 4-3　推荐工具

2. 笔记法：空雨伞和笔记流

笔记需要记的是关键词，以及关键词之间的关系。

关联型笔记可以用两种笔记法来记录，分别是空雨伞笔记法和笔记流笔记法，前者更注重对知识进行分区，后者更注重知识间的关联和逻辑。将两种方法结合使用，效果会更好。

空雨伞笔记法就是把一页纸划分成三个区域，从左到右依次是事实区、解释区和行动区，如图 4-4 所示。

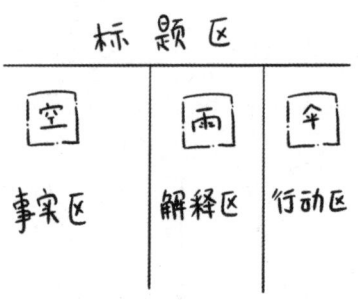

图4-4　空雨伞笔记法

为什么这种方法叫空雨伞笔记法呢？下面举例进行说明。

◎ 事实区：你准备出门，发现天空乌云密布，天空乌云密布就是你看到的基本事实；

◎ 解释区：为什么天空乌云密布呢？因为可能要下雨了，下雨就是解释；

◎ 行动区：因为可能要下雨，所以出门要带雨伞，带伞就是行动。

有了分区后，要怎么记关键词之间的关系呢？这时就需要使用笔记流这个方法了。

先写下关键词，尽量用较短的词语代替完整的句子，对事实、日期、细节的描写都要尽量缩减，不要写冗长的段落。然后着重关注概念、知识之间的关系，以及关注这些概念时大脑中出现的各种相关想法、观点，回忆起的知识或图景等。

很多课程中的知识并不是线性的，它们彼此之间还有联系。那么知识之间的关系是什么样的，又应该用什么形式记下来呢？这里向大家介绍三种记录关系的形式，如图 4-5、图 4-6、图 4-7 所示。

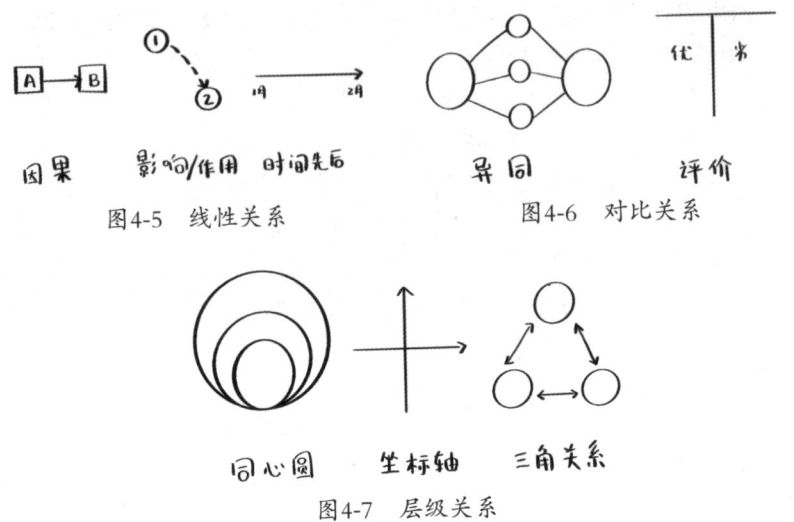

图4-5 线性关系　　图4-6 对比关系

图4-7 层级关系

什么是线性关系？即因果、影响和作用、时间先后顺序等。

什么是对比关系？即二者的异同、优劣对比等。

什么是层级关系？即结构体系的层次、概念的大小等。

4.3 课后的里程碑：反思型笔记

除了在课堂上记笔记以提高信息输入的效率，我们还需要对知识进行整理和总结，也就是下面要介绍的第二种笔记——反思型笔记。

在学习时，我们很容易陷入具体的细节中，忘记从大局审视自己正在做的事。此时如果有一个老师在旁边指导，告诉我们哪里做得对，哪里做得不好，我们就能及时调整。但我们不可能每时每刻都有老师陪伴，因此，我们要学会自己做自己的老师，在反思时用老师的视角看自己。

反思是一个十分重要的技能，它能让新信息与我们自身产生联系。反思是一个主动的过程，包括独立思考、提出问题，以及寻找相关资料帮助自己理解。

我们可以按照以下步骤将自己与知识联系起来,如图4-8所示。

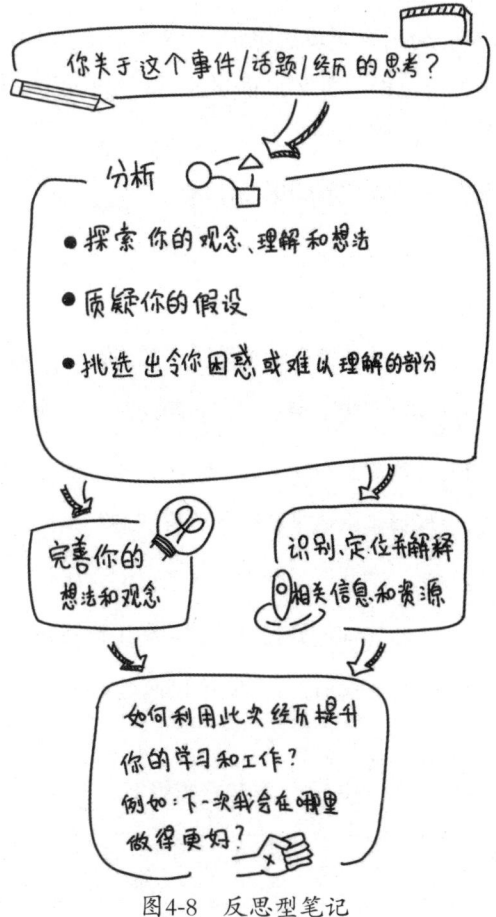

图4-8 反思型笔记

第一步:思考自己以前是怎么做的;

第二步:思考做的过程中遇到了哪些问题;

第三步:思考有哪些可以改进的地方。

什么时候记反思型笔记呢？一种选择是根据时间记录，如每日、每月或每年，工作日志和年度工作总结其实都是反思型笔记；另一种选择是以具体的项目作为反思节点来记笔记。

下面介绍如何记每日学习反思笔记，即学习日志。学习日志不是日记，不应该单纯地描述自己做了什么，而是应该记录自己思考的过程。学习日志中可以记录的内容如下。

◎ "我"做的事情或学的知识是什么？

◎ "我"是如何做的？

◎ "我"为什么这样做？

◎ "我"对自己做的事情有什么感受、想法？

◎ 什么样的资源对"我"理解知识有帮助？

◎ 应该从何处寻找资源？

◎ "我"是怎样摸索出该学科的入门方法的？

◎ 在这个过程中，"我"是否改变了自己的看法？

◎ "我"在未来将如何提升自己的学习和工作能力？

表 4-1 所示为学习日志模板，大家可以通过不断实践，制作更适合自己的模板。

表4-1 学习日志模板

今日学习内容 1.AAA 2.BBB			
是否完成了AAA的学习目标？		是否完成了BBB的学习目标？	

续表

今日学习内容 1.AAA 2.BBB			
为什么没有完成AAA的学习目标？（若完成了，请用自己的话复述一遍学习内容）		为什么没有完成BBB的学习目标？（若完成了，请用自己的话复述一遍学习内容）	
学习了几个小时AAA？		学习了几个小时BBB？	
学习状态如何？		学习状态如何？	
学习效率如何？		学习效率如何？	
学习AAA后，有什么收获？		学习BBB后，有什么收获？	
学习AAA对"我"的生活有什么帮助？		学习BBB对"我"的生活有什么帮助？	
AAA对"我"的观点或价值观有什么影响？		BBB对"我"的观点或价值观有什么影响？	
规律总结：			
改进计划：			

4.4 笔记让你更懂自己：笔记与元认知训练

学习是一个长期积累的过程，坚持记录学习日志可以见证自己的成长。长期记录学习日志，我们会得到很多意想不到的收获：

◎ 更加了解自己的优势、劣势、偏好的学习方式；

◎ 提高分类思维及梳理学习内容和逻辑的意识；

◎ 提高信息输入率；

◎ 做事时更容易集中注意力。

笔记不仅可以记录学习的内容，还可以承载学习的主体——我们自己。很多时候我们把精力聚集在学习的内容上，却忽略了我们自己。当学习遇到瓶颈时，我们的学习状态其实是更值得分析和拆解的。

所谓"当局者迷，旁观者清"，上学时我们经常有这样的感受——同桌的学习问题、总是某一科考得不好的原因，我们是清楚的，因为我们在以旁观者的身份观察他，知道他经常在什么课上神游，知道他讨厌哪个老师。但是我们对自己的学习问题却很困惑，感觉自己已经很努力了，却还是学不好。

我们可以通过笔记分析和拆解自己的学习状态。通常我们可以使用比较简单的 A4 纸笔记法。

[**具体方法**]

第一步：将一张空白的 A4 纸横放，在左上角写下主题，在右上角写下日期，如图 4-9 所示。

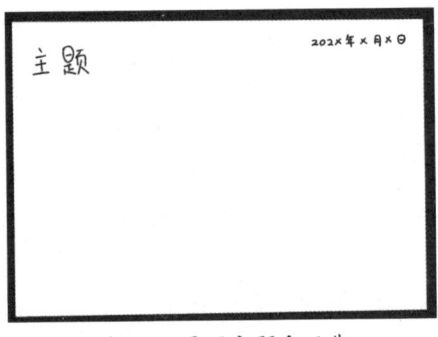

图 4-9　写下主题和日期

第二步：从 6 个维度分析问题，如图 4-10 所示。

核心的问题
在意的问题
有疑问的点
情绪的变化
问题的关键
该做的事情

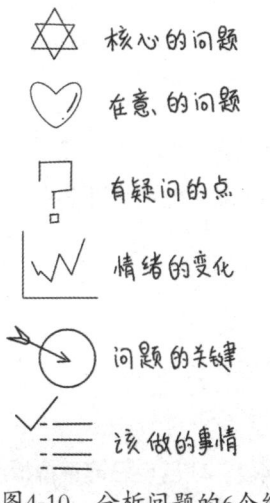

图4-10　分析问题的6个维度

例如，有一道解析几何题，我们怎么也解不出答案，这时就可以分析自己的学习状态是否存在问题，如图 4-11 所示。

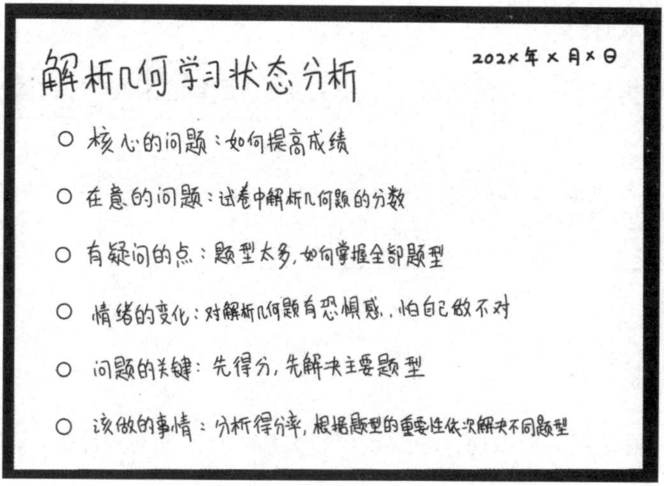

解析几何学习状态分析
202×年×月×日
核心的问题：如何提高成绩
在意的问题：试卷中解析几何题的分数
有疑问的点：题型太多，如何掌握全部题型
情绪的变化：对解析几何题有恐惧感，怕自己做不对
问题的关键：先得分，先解决主要题型
该做的事情：分析得分率，根据题型的重要性依次解决不同题型

图4-11　解析几何学习状态分析

在这张 A4 纸上尝试复盘自己的学习状态和过程，然后通过找问题的关键点，为自己的学习指明方向。这就是通过笔记提升自己的学习状态的方法，即不分析具体的学习对象，而是分析自己，找到自己的问题所在，也就是在提升元认知。

还有一种反思型学习笔记是按项目划分的。所谓项目，就是一件完整的事情，如读一本书、学一门课、准备一门考试等。

[**课后作业**]

表 4-2 所示为项目反思笔记模板，大家可以结合最近的学习、工作情况进行填写。

表4-2　项目反思笔记模板

××项目反思笔记				
预计完成时间				
实际完成时间				
项目拆解	完成状况	相关性	遇到的困难	如何解决困难
1.				
2.				

[**本章总结**]

◎ 好笔记，记口诀：一眼望穿想关系，时刻都问为什么。

◎ 两种思考型笔记：关联型笔记与反思型笔记。

第四章 笔记优化 重塑思维的笔记思考术

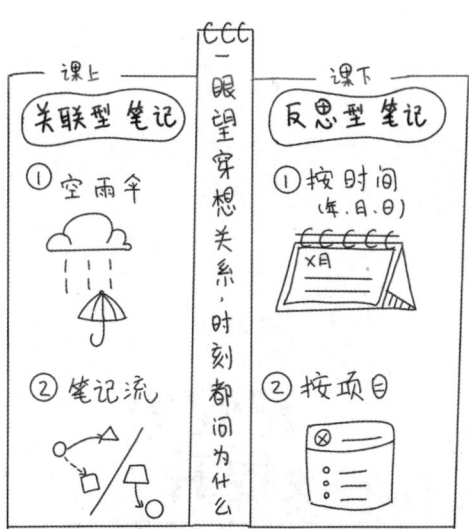

记忆力大提升

为什么学习高手记住的总是比你多

5.1 记忆术不等于真正的记忆

本章将介绍成为学霸的三个必备技能中的最后一个——高效记忆。

前文中介绍布鲁姆分类法时提到，学习在认知上是分层次的，第一层就是记忆。虽然记忆只是最浅层次的学习，但不可否认，记忆也是我们学习中非常重要的一环。

学英语需要记各种单词，学法律需要记各种法律条文，日常工作和生活中需要记各种要办的事情。这也就不难理解，我们往往认为一个人的记忆力和他的学习能力挂钩。而事实上，学霸的记忆力往往都还不错，但记忆力好的不一定是学霸。那么，学霸是怎么记住东西的呢？要弄明白这个问题，我们需要先明确什么是记忆，什么又是记忆术。

说到记忆，很多人会想到电视节目中那些记忆大师，他们可以通过指纹识人、辨别 101 只斑点狗、25 秒记住 52 张扑克牌……那些拥有超级记忆术的人似乎看什么都过目不忘，像掌握了解锁大脑的终极魔法一样。

你或许觉得这些人天赋异禀，天生就能记住一切。不可否认，有些人确实拥有过目不忘的记忆力，他们能事无巨细地记住生活中所有的事情，但这样的人非常稀少，可以说是万中无一。我们在电视上看到的所谓的超级记忆力，其实绝大多数是经过记忆术训练的结果。

记忆术是一套对特定对象编码，将大量的复杂信息打包成简单的代号的方法。高中时我有个同学扑克牌玩得特别好，他能记住场上所有人的牌。他的记忆方法其实很简单，就是将我们班上的 52 个人分别对应一张牌，然后在玩牌时把出过的牌对应到人身上并编成故事。这样他记的就不是毫无规律的牌，而是一个个小故事，记忆难度自然就小了很多。

同理，在节目上挑战指纹识人、斑点识狗、记扑克牌等项目的选手，也采用了类似的方法。首先在训练时准备一套专用于分析指纹、斑点或扑克牌的特殊编码方式；然后在挑战时，把看到的信息编码成简单的代号；最后将代号编成故事或联想一组有意义的事物。这样一来，看起来特别复杂的信息也就不难记了。

讲到这里，大家有没有发现这样的超级记忆术有一个问题？那就是记忆术不等于真正的记忆。

记忆术就像针对某项考试的应试技巧一样，这些特定的编码方式能够有针对性地提升相应挑战项目的记忆效果，但是不同的编码方式之间不相通，不能迁移。我和那个记扑克牌很好的同学下围棋时，他记棋局、复盘的能力就不如我，而在考试时，他的古诗词默写总是答得一塌糊涂。他的好记性好像在这些方面突然没用了，就是因为他没办法用记忆扑克牌的方法记忆其他事物。

人脑真正的强大之处不在于把发生过的事、看过的书、听过的课事无巨细地都记住，而在于找到信息之间的关联并构建知识体系。不了解记忆的机制，只沉迷学习记忆术，就像不学习知识，只学解题技巧一样，对我们学习的帮助并不大。

5.2 专注力提升：用高效心理场释放你的积极性

曾经我觉得专注力没有什么好训练的，坐在那里学习、工作，自然而然就学进去了，为什么非要去图书馆学习，去公司办公？在家学习、工作不是更舒服吗？

后来我发现，原来大部分人在家学习、工作的效率都非常低，看着像是在专心学习、工作，可其实什么都没看进去。于是我开始思考，在集中注意力这方面，为什么我觉得轻而易举，而很多人觉得难如登天呢？

我认为，可能是因为我的成长环境比较特殊。我父母都是高校教授，他们几乎不看电视,来家里的客人也不多,平时很少有人走动、交流。我父母都以居家工作为主,大部分时间都处于长时间连续工作的状态,而且他们的作息时间非常规律。在这样的环境中成长,让我拥有了超越一般人的专注力。

我们的专注力就像武侠小说里高手的武功一样,不是一天就能练成的,也不会一天就失去。对于专注力,练一天就有一天的提升,提升一天就有一天的收获。提升专注力其实并不难,但一定要持之以恒。当我们的专注力提升之后,就会发现记忆效率也会随之提升。

专注力提升方法一:划定学习区域

什么是学习区域?我们可以把学习区域想象成一块像监狱一样的地方,如图 5-1 所示。在这个区域里,只能放与学习有关的东西,不能放任何与学习无关的东西,因为我们在学习时,很容易被这些无关的东西吸引,哪怕是墙面装饰品、毛绒玩偶、好看的笔,甚至是没看过的说明书,都很容易分散我们的注意力。

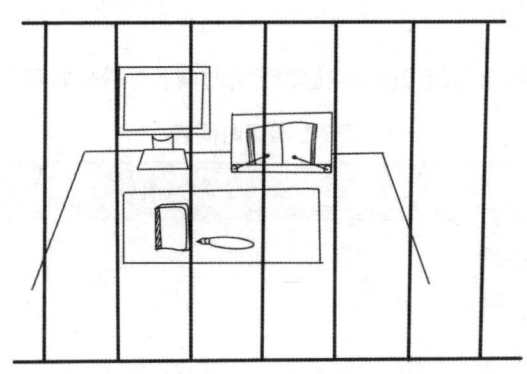

图5-1 学习区域

很多知识博主会把自己的书桌收拾得特别好看,摆上一摞书、各种文具、香薰、插画等,拍照和拍视频都特别上镜。可是如果把自己代入这样的环境中,你能高效学习吗?

划定学习区域就是给自己设置一个结界,给自己一个心理暗示——在这里我就是要投入学习中,任何人、任何事都不能打扰我。很多作家选择在半夜或清晨写作,抑或是干脆把自己锁在地下室里写作,就是这个思路。

这样做看起来很苦,但如果你体验过全身心投入一件事中的状态,就会知道这种体验其实非常美妙,可以体会到的不仅是拿下任务的成就感,还有一种物我两忘的满足感。

专注力提升方法二:划定学习时间

很多课程都会让大家把碎片时间利用起来,但说实话,用碎片时间背几个单词、看几分钟 TED 演讲还可以,真正备考的人就不要指望碎片时间了,尤其是专注力不够的人,一定要给自己划定超过 30 分钟的整块时间学习,一方面是要给自己时间慢慢进入状态,另一方面是要训练自己"坐得住"的耐力。

不过,每个人的情况都不一样,可以找出的整块时间也不一样。对于在校学生,找出整块时间比较容易;而对于职场人士,则需要合理安排下班后的时间。

请大家根据自身情况设计自己的学习时间表,模板如表 5-1 所示。

表5-1 学习时间表

时间段	学习事项

续表

时间段	学习事项

专注力提升方法三：戒多元刺激

很多人都会遇到一个问题，就是静不下心来，其中一个重要的原因是习惯了多元刺激。我们已经习惯了同时做很多事情，如一边吃饭、一边看视频、一边聊天；再如一边看书、一边听音乐、一边吃零食。在这个过程中，我们的大脑同时接受着几种刺激，慢慢地就习惯了多元刺激，当我们想专注复习的时候，大脑就会觉得这个刺激不够，因此我们学习时会感到很困、很烦躁。就像一个平时喜欢吃高油、高盐食物的人，突然让他吃清汤寡水的食物，他肯定没有食欲。

我们要尽量减少接受多元刺激的时间，避免同时做多件事。这样做看起来好像没有多项目并行的推进效率高，甚至会让我们的进度落后于其他人，但一次只做一件事可以让我们更专注于当下正在做的事，提高做这件事的质量。

表5-2所示为多元刺激戒断训练表，请大家根据自身情况设定训练内容，并坚持训练。例如，晚上8:00—11:00是你的学习时间，你习惯一边学习一边听音乐，感觉很舒适、很高效，实际上学习效果并不好。这段学习时间中刺激源就是音乐，在接下来的学习中你要告诫自己不能听音乐，然后记录戒断效果。

表5-2 多元刺激戒断训练表

时间段	刺激源	戒断效果

专注力提升方法四：远离及时反馈

及时反馈是学习的大敌，当我们习惯了很快获得反馈，很快获得满足感后，我们再让大脑去学习，就会"逼死"它。短视频 1 分钟可能有四五个笑点，经常看短视频，我们的大脑就会渐渐习惯"1 分钟要快乐 5 次"。而绝大部分学习都不是每分钟都会有反馈的，我们需要看很久书，然后去做一套练习题或经历一场考试，才能获得一些反馈。因此，备考时我们要尽量远离那些过于及时的反馈。

请大家找出平时带给自己及时反馈的事项，进行戒断并观察效果，然后将情况记录在及时反馈源自查表（表 5-3）中。

表5-3 及时反馈源自查表

及时反馈源自查表	
具体事项	戒断效果

专注提升方法五：设置规律的作息时间

每天在固定的时间学习，固定的时间休息，固定的时间运动，有助于我们的大脑更快、更顺畅地进入高效学习的状态。

在安排作息时间时，我们要找到自己的黄金时间，在这个时间段中，我们的学习和工作效率比在其他时间段高。每个人的黄金时间不同，我们要摸索出自己的黄金时间。

请大家根据自己的实际情况，找到自己学习、工作的黄金时间，并记录在表 5-4 中。

表5-4 黄金时间分析表

时间段	学习	工作

5.3 奇变偶不变：短内容的记忆策略与记忆原理

真正的记忆是什么样的呢？现代认知心理学家给出了如图 5-2 所示的模型。

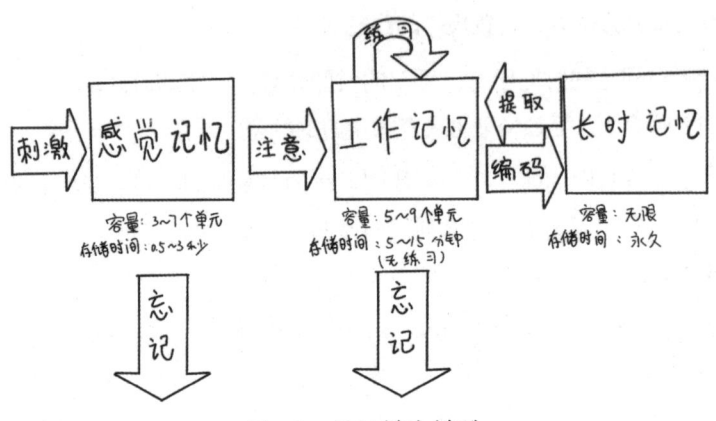

图5-2 记忆模块模型

我们的记忆根据存储时间可以分为三个模块：感觉记忆、工作记忆和长时记忆。这三个模块像流水线一样，对我们遇到的信息进行加工、编码和存储。

例如，你在上课时，眼睛看到的文字、耳朵听到的声音、鼻子闻到的味道，以及身体的冷热感觉、坐姿的舒适度……这些信息都会被转换成感觉记忆，构成记忆加工的信息素材。由此，感觉记忆可以被看作流水线中原材料的入口。

感觉记忆的存储时间很短，通常只有0.5~3秒。例如，你在上课或开会时玩手机，当你回过神来，你可能记得刚才在手机上看到的完整信息，但对于刚刚老师或领导讲的内容，你可能只记得最后听到的两三个词，或者什么都记不得。

而如果你一直专心听讲，那么经过感觉记忆的信息就能被组织起来，进入工作记忆，也就是更长时间的记忆。在信息从感觉记忆进入工作记忆的过程中，"注意"的作用十分关键。如果你是一个学生，你在听课时会全神贯注地听讲师讲的知识、概念；但如果你是个听教研课的老师，那么你在听课时就会着重关注讲师的讲法、课程的设计。同样是听一节课，注意的重点不同，会在工作记忆中留下完全不同的信息。

工作记忆是认知加工的地方，相当于流水线中的中枢工作台，在这里可以把零散的信息组织编码成有意义、有关联的知识块。工作记忆中信息的存储时间比感觉记忆长，通常可以存储 5~15 分钟。要想保留这一部分的记忆，一种方法是不断复述。例如，别人给你报了一串电话号码，为了防止自己忘记，你会一直念叨，这样确实能让数字在工作记忆中存储的时间延长。

但是不管怎么复述，记忆 11 位数字都是很困难的。这时就需要使用另一种方法辅助我们记忆，即编码加工，把零散的信息编码成组块。

在记忆电话号码时，可以将 11 个数字分成三四组来记忆。如电话号码"138 0427 3096"，大家记忆时会很自然地隔几位停顿一次。

我们把这种通过编码组合成的信息称为组块。我们的工作记忆的容量和知识的组织形式及知识之间的关联程度密切相关。我们的编码方式越强大，信息组合成的组块的密度越大，我们的工作记忆效果就越好。

长时记忆就是流水线中的仓库，也是我们通常理解的"记忆"。信息在工作记忆中被加工，与长时记忆中的信息印证和关联，然后一起进入长时记忆被存储起来，到需要用时再从长时记忆中提取到工作记忆中，印证新的信息。

长时记忆中的信息的存储时间可能是几天，也可能是永久。信息要从工作记忆进入长时记忆，必须经过更深层次的加工，且越是能和长时记忆中已有信息建立关联的新信息，就越容易被记住。也就是说，长时记忆的容量是无限的，存储在长时记忆中的信息越多，我们越有能力存储与之相关的信息。

5.4 好记性与烂笔头：画面类长内容的记忆策略与记忆原理

在记忆过程中，每个环节都会遗失大量信息，所以每个环节都有可能发生遗忘，下面分别进行介绍。

第一个发生遗忘的环节是注意。我们关注不同的重点时，在感觉记忆中留下的信息也完全不同。**心理学家斯帕罗提出了"谷歌效应"这个概念，即我们从网络上、电子设备上获取知识时，对知识在什么位置的记忆会在一定程度上替代对知识本身的记忆。**例如，在手机已经普及的今天，你能记住的电话号码有多少个呢？是不是远不如之前靠电话簿和大脑记的电话号码多？这是因为我们的记忆力变差了吗？其实不然，而是因为我们在记忆时，注意力已经从知识本身转移到了获取知识的途径上。

这一点给我们的启示是，**在上课听讲、记笔记或看书时，关注点需要集中在知识是什么、为什么上，而不是盲目地记录逐字稿**。否则，我们记住的可能不是知识，而是笔记记在了哪个本子上。

第二个发生遗忘的环节是编码。前文中提到，学习的目的不是记忆、背诵所有知识点，而是要达到更深层次的认知，如理解、应用甚至是分析知识点。

下面以一个关于加工层次的研究为例进行讲解。

心理学家让一群4~5岁的孩子记忆一些常见的物品组合，如肥皂和夹克衫。他们让孩子们用以下5种方式加工信息。

（1）标签：重复物品名称，如重复多次"肥皂"和"夹克衫"。

（2）造句：如用肥皂和夹克衫造句。

（3）重复句子：重复有关两件物品关系的句子，如"肥皂藏在夹克衫里"。

（4）提"是什么"类的问题：回答与物品关系相关的问题，如"肥皂在夹克衫里做什么"。

（5）提"为什么"类的问题：回答为什么两个物品之间有特定关系的问题，如"肥皂为什么要藏在夹克衫里"。

在认知层次上，第一种方式属于记忆层次，第二、第三种方式属于理解层次，第四、第五种方式属于分析层次。

实验结果表明，当要求孩子们回答"为什么"类的问题时，他们的记忆效率最高；孩子们通过第四、第五种记忆方式，所产生的记忆效果最好，他们不仅能快速回忆起这些常见物品的搭配，而且回忆的准确度也很高。这个实验结果告诉我们，当个体对材料进行深度加工时，即便他们没有特意学习，也能顺利地记住知识。

当我们自以为记住了所有知识点，却总是"书到用时方恨少"时，可能是学习过程中，前期的加工不够，甚至根本没有进行加工。要快速记忆学习的内容，就要加入自己的思考，将"终极三问"运用到学习中。用"是什么"的问题弄清楚知识点的概念和定义，再用"为什么"的问题弄明白知识点之间的逻辑关系，最后用"怎么办"的问题让知识点有用，使自己可以灵活运用所学知识。

第三个发生遗忘的环节是提取。"提取"是我们寻找过去已经存储的信息进行使用的过程。当然，提取不仅仅是寻找，它和我们存储知识的过程一样，长时记忆的提取也涉及构建。人们常常只能提取他们已经存储的信息的一部分，然后用其他的知识、常识进行填补。

也就是说，在我们学习时，一些知识点已经经过我们工作记忆的充分加工，进入长时记忆；以后我们需要提取这些知识进行应用时，我们的大脑会根据当下的实际情况对知识进行一定程度的"篡改"。

5.5 记忆宫殿：逻辑类长内容的记忆策略与记忆原理

我们了解了记忆的运行机制，知道了在前期学习过程中要关注的重点信息后，即可对知识进行深度加工，构建自己的知识体系。而当我们要运用学习过的知识时，会对已经存储在大脑中的信息进行提取，只是提取到的信息往往不准确。那么针对记忆的这一系列流程，要怎么增强我们的记忆力呢？下面介绍三个技巧。

第一个技巧：变被动学习为主动学习，多向自己提问。

我们已经知道了编码对记忆的重要性，要加深自己对某项知识的记忆改进编码，要做的第一件事就是变被动学习为主动学习。当我们面对某项新知识的时候，一定要告诉自己这是我们自己想学的东西，而不是被逼着学的东西。只有这样，我们才能做到多思考、多问自己问题。我们记忆的目标不是囫囵吞枣地背下知识，而是理解知识，并让理解的知识在未来有用武之地。

我们在学习的过程中可以不断地问自己：我为什么会出现这样的问题？老师为什么要讲这部分知识？我以后要怎么用这些知识？如果能回答出这些问题，就说明我们已经记住了正在学习的知识。

第二个技巧：善用已有的知识体系，加深新内容和已有知识的联系。

经过超级记忆术训练的人为什么能快速记忆抽象的内容呢？因为他们把这些内容与日常生活联系了起来，将抽象的内容变成了非常好记忆的内容。

下面分享一个我记古诗词时常用的小技巧。我在记古诗词时特别喜欢让古诗词"动"起来。当这些古诗词"动"起来时，不仅古诗词本身，连背后的寓意我都能记住。我印象最深刻的是刘长卿的《逢雪宿芙蓉山主人》：

日暮苍山远，天寒白屋贫。

柴门闻犬吠，风雪夜归人。

这首诗如果直接记忆对我来说很困难，但如果把它想象成一幅画，就会变得好记很多。请大家想象：太阳慢慢下山，连绵的山峦隐没在暮色中，显得更加深远；周围天寒地冻，茅草屋看起来越发单薄；此时柴门旁的狗突然叫了起来，在漫天的风雪中，一个人夜半归来，如图5-3所示。

大家可以继续往下想，这个人是谁呢？他来做什么呢？这么冷的天他为什么要夜归？……这些问题一旦想明白了，几乎所有关于这首诗主旨的内容就都能记住了。在这个过程中，我们记住的不只是诗句，还有冷热的感觉、旅途疲惫的感受等，这些线索都能增强我们对这首诗的记忆。

图5-3　根据《逢雪宿芙蓉山主人》想象的画

第三个技巧：尽可能增加提取次数。

这个技巧利用的主要是提取长时记忆时对信息的建构，我们可以反复提取、重复学习，增加加工和建构的痕迹，以提高提取的准确度。

例如，在记反思型笔记时，我们可以把整个任务分成三个部分。在第一部分挑选出学习的对象，如某次随堂测验的内容，然后设置一段时间，如20分钟（设置时间的目的在于制造压迫感以提高效率），在这段时间内，拿出一张白纸和一份识记卡片，对着课本和随堂笔记，把自己关于学习内容的思考写在白纸上，同时把重点内容的摘要写在识记卡片上，以便日后复习。

在第二部分，给自己设置一段时间，如 1 个小时，然后在一张新的白纸上把自己刚才记忆的内容写下来。这是一个回忆、提取的过程，为了更好地建构信息，我们可以在写下已经记住的内容的基础上，记录自己新的思考过程。

在第三部分，同样设置一段时间，然后对照自己"默写"的内容和课本或笔记，将自己出错和遗漏的内容写在识记卡片上（注意应写一些能唤起记忆的线索，而不是全部内容），补充之前写在识记卡片上的内容。完成后我们就可以利用碎片时间，根据识记卡片上的线索反复回忆、提取要复习的内容，增加建构的痕迹。

回想我们以往的学习经历，在复习时是否只进行了前期加工，而忽略了后期的提取、建构呢？如果我们在学习和复习的过程中加入回忆和提取、反复加工建构的环节，可以让知识点更加符合我们的思维逻辑，在需要应用时，可以更方便、快速地提取知识。

5.6 情绪力量：无序类长内容的记忆策略与记忆原理

提到记忆、背诵，很多人脑海中会出现备考时背马原、思修的画面，大多数人在记忆这些内容时都不会有很好的体验，因为这些内容看起来是无序的、枯燥的，举例如下。

◎ 物质范畴是唯物主义哲学关于世界本原和统一性的最高抽象，是唯物主义世界观的基石。古代朴素唯物主义把物质等同于物质的具体形态；形而上学把物质归结为原子；辩证唯物主义指出客观实在性是物质的本质规定。

◎ 恩格斯指出："物、物质无非是各种物的总和，而这个概念就是从这一总和中抽象出来的。"这说明哲学物质概念与自然科学物质概念是共性和个性的关系。而物质和物质范畴则是第一性和第二性的关系。

◎ 列宁指出："物质是标志客观实在的哲学范畴，这种客观实在是人通过感觉感知的，它不依赖于我们的感觉而存在，为我们的感觉所复写、摄影、反映。"列宁是从物质和意识的关系上给物质下定义的，物质范畴是对物质世界多样性和统一性所作的最高的哲学概括；物质的唯一特性是客观实在性，它存在于人的意识之外，为人的意识所反映。

面对这些无序、枯燥的内容，我们该怎么记忆呢？其实，我们可以使用一些方法。

方法一：化文于景。

化文于景，就是利用我们熟悉的场景，和无序的内容建立联系。

例如，要记忆物质的范畴。

物质范畴是唯物主义哲学关于世界本原和统一性的最高抽象，是唯物主义世界观的基石。古代朴素唯物主义把物质等同于物质的具体形态；形而上学把物质归结为原子；辩证唯物主义指出客观实在性是物质的本质规定。

首先，对这段话进行提炼。

◎ 物质范畴是唯物主义哲学关于世界本原和统一性的最高抽象；

◎ 物质范畴是唯物主义世界观的基石；

◎ 古代朴素唯物主义：物质=物质的具体形态；

◎ 形而上学：物质=原子；

◎ 辩证唯物主义：物质、客观实在性。

提炼完成后，就可以使用化文于景法了，该方法一共分为四步。

第一步：选择场景。

首先，我们需要选择一个自己非常熟悉的场景，可以是我们的家、宿舍、学校等。只要是熟悉的场景，都可以作为记忆场景。这一步是整个方法中最关键的一步，我们一定要非常熟悉这个场景，闭上眼睛可以描述这个场景中的各种特征和物品。

然后，我们需要设计一条特别的路线，这条路线可以让整个场景"活"起来、"动"起来，不再是静止的场景。也就是说，我们要想象自己在这个场景中做一件事，而不仅仅是看到了这个场景。

这一步是串联记忆的关键。如果我们选择的场景是学校，我们可以想象从教室到图书馆会经过哪些地点，或者是从宿舍到食堂会经过哪些地点。

在这一步，我选择的场景是衣帽间，路线则是准备出差所需衣物。接下来请大家趁热打铁，根据所学内容进行训练。

选择熟悉的场景：_____

设计具体路线。

做什么：_____

途经点1：_____

途经点2：_____

途经点3：_____

到达地点：_____

第二步：列出有明显特征的物品。

现在我们需要回想所选场景中有明显特征的物品。比如，房间里有几张桌子、几把椅子、几幅画、几个衣柜，桌子上有几本书等。可以试着闭上眼在房间中走一圈，我们能想到的物品，都是我们记忆得最深刻的物品，一边走一边在大脑中记录这些有明显特征的物品，它们都将成为"记忆点"。

接下来就可以用它们来存储特定的信息了。

在这一步,我将准备出差所需衣物的过程标记为以下5个记忆点。

(1)我会在进门左侧第一个衣柜下面的抽屉中,找我的内衣内裤,这个抽屉中还有一卷抽纸,这是我的第一个记忆点。

(2)我会在中间衣柜的上层找我的衬衣,这个衣柜中还有一条红色的领带,这是我的第二个记忆点。

(3)我会在右侧衣柜中找我的裤子,这个衣柜中我还放了一个动漫人物手办,这是我的第三个记忆点。

(4)我会在后面的隔间中拿我的衣服,这个隔间中有一组壁挂灯,但是中间的灯坏了,这是我的第四个记忆点。

(5)我会在最下面的抽屉中拿袜子,这个抽屉中有两包未拆封的新袜子,这是我的第五个记忆点。

大家可能觉得这些记忆点没什么逻辑,但实际上我对这个过程非常熟悉,因为我每次都是这样准备出差衣物的,而且我对所有记忆点都非常清楚,对我来说,它们是根本不用记忆的东西。

现在,请大家在自己选定的场景中挑选具有明显特征的物品,并标记相应的记忆点。

物品1:_____

记忆点:_____

物品2:_____

记忆点:_____

物品3:_____

记忆点:_____

物品4:_____

记忆点：_____

物品 5：_____

记忆点：_____

第三步：建立联系。

这一步是将我们要记忆的无序内容，放进我们选择的记忆场景中。就像大部分记忆增强方式一样，化文于景法通过形象化的联想帮助记忆。建立联系的过程是选择一个已知的物品→记忆挂钩→和我们想记住的要素结合。一个记忆挂钩就是我们前面标记的一个记忆点。

首先将我们要记忆的内容分为5份，并和各份场景一一对应起来。下面以我的记忆点为例进行讲解。

第一份内容：物质范畴是唯物主义哲学关于世界本原的最高抽象。

对应：找内衣和一卷抽纸。

联系：本原就是内在的部分，内衣也是内在的部分，对应本原；抽纸对应抽象。

第二份内容：物质范畴是唯物主义世界观的基石。

对应：找衬衣，红色领带。

联系：前火箭队球员詹姆斯·哈登被称为球队"基石"，而火箭队球衣就是红色的，因此红色领带对应基石。

第三份内容：古代朴素唯物主义，物质 = 物质的具体形态。

对应：找裤子，动漫手办。

联系：古代没有那么多新裤子穿，经常要给旧裤子打补丁，显得很朴素，对应古代朴素唯物主义；而动漫手办就是动漫人物在现实世界的具体形态，对应物质的具体形态。

第四份内容：形而上学，物质 = 原子。

对应：找衣服，坏了的壁挂灯。

联系：衣服在身体上也就是形体之上，对应形而上；坏了的壁挂灯像是个圆形的洞，对应原子。

第五份内容：辩证唯物主义，物质、客观实在性。

对应：找袜子，新的袜子。

联系：袜子有左右两只，缺一不可，对应辩证唯物主义；新袜子等待被使用，具有实用性，对应客观实在性。

大家会发现，这些联系是没有逻辑的，而且很奇特甚至是很奇葩，但是我们建立的联系越古怪越容易记忆。

现在，请大家列出自己最近需要记忆的内容，利用上述方法建立联系。

第一份内容：_____

对应：_____

联系：_____

第二份内容：_____

对应：_____

联系：_____

第三份内容：_____

对应：_____

联系：_____

第四份内容：_____

对应：_____

联系：_____

第五份内容：_____

对应：_____

联系：_____

第四步：反复观察场景。

我们已经对应好了记忆点和知识，但仅仅建立联系是不够的，我们还需要把行动路线在大脑中模拟四五次。我们不需要刻意在大脑中反复模拟，只需在闲暇时闭上眼进行模拟即可。如果发现有内容对不上了，就赶快复习。

如果我们来到记忆的场景，看见作为记忆点的物品时，要记的内容瞬间浮现在脑海中，就说明已经完成了记忆关联的构建。

方法二：化文于情。

化文于情就是编故事，然后讲故事。例如，我们要准备司法考试。《中华人民共和国刑法》（以下简称《刑法》）第二章第二节是关于"犯罪未完成"的规定。《刑法》把犯罪未完成分成了三类：犯罪预备、犯罪未遂、犯罪中止，并描述了这三种情况和对应的惩罚，如表5-5所示。

表5-5 《刑法》关于"犯罪未完成"的规定

分类	界定	惩处
犯罪预备	为了犯罪，准备工具、制造条件	可以比照既遂犯从轻、减轻处罚或免除处罚
犯罪未遂	已经着手施行犯罪，由于犯罪分子意志以外的原因而未得逞	可以比照既遂犯从轻或减轻处罚
犯罪中止	在犯罪过程中，自动放弃犯罪或自动有效地防止犯罪结果发生	没有造成损害的，应当免除处罚；造成损害的，应当减轻处罚

单看概念界定和惩处，我们可能会有种似懂非懂的感觉，这种情况下我们就可以编一个故事把这几种犯罪类型串联起来。

有一部电影叫《无名之辈》，里面有两个劫匪绑架一个姑娘。

假设这两个劫匪早就想绑架这个姑娘了,他们在心里反复预演了很多遍,这个时候还不算犯罪预备,因为他们只是想,还没有任何行动。

直到他们准备了一把枪,这个时候就算是犯罪预备了,因为他们已经为犯罪做出了实际行动。那么判断犯罪预备的核心就是"枪",即是否制造了条件。

如果他们在绑架这个姑娘的过程中,姑娘的哥哥突然来了,导致他们的计划没有成功,即虽然绑架了但是没有绑成功,这就算是犯罪未遂。判断标准就是绑架未得逞,且必须由外力导致未得逞。

如果他们在绑架的过程中突然良心发现,主动放弃了绑架,就算是犯罪中止。犯罪中止的判断标准是绑架未得逞,但是是由犯罪分子主动放弃导致未得逞。

一组看起来相似的概念,通过一个故事串联起来,我们就能清楚地掌握这组概念中的细微差别。

方法三:化文于戏。

该方法需要有人配合,两个人一起行动,规则如下。

(1)选定一段内容,确定背下这段内容的时间(10~20分钟为佳,时间太长或太短效果都不好)。

(2)背下来以后,双方同时合上书,相互出题考验对方记住了多少。

(3)两个人一起把刚背过的内容复习一遍,然后继续往下背,直至把所有要记忆的内容全部背下来。

请大家先选择搭档,再选择需要背诵的内容,然后按照上述规则进行练习。

出题1:_____

出题2:_____

出题 3：_____

设置彩头：_____

奖惩措施：_____

[**本章总结**]

学习的目的：多思考、多提取，加深认知层次。

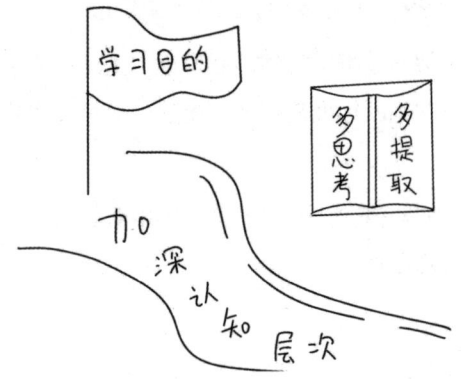

第六章

游戏化设计

让学习像玩游戏一样上瘾

6.1 成瘾与戒断：学习时为什么总是度日如年？

对于多数人而言，学习是一件枯燥的事情，而学霸和学渣之间的主要区别就在于能够持续学习多久。

例如，同样是一套数学题，同学小 A 可以一口气从头做到尾，做完后他还意犹未尽，想再做一套，不知不觉就学习到天黑了。而同学小 B 做了一会儿题就开始做其他事，一会儿上厕所，一会儿吃苹果，一会儿阅读旁边的说明书……到天黑也没做完一套数学题。经年累月，两个人的成绩差距越来越大。

很多人会说，我天生就坐不住，所以学习成绩不好，情有可原。

可事实真的是这样吗？你有没有玩游戏玩到忘记时间，有没有刷抖音刷到凌晨，有没有跟朋友聊天聊到天亮的经历？

如果你有类似的经历，那么"我天生坐不住"就是个伪命题，坐不住绝对不是基因的问题，而是你没有找对学习方法，以至于学习对你来说是一件非常枯燥的事情，难以坚持下去。

6.2 每个人都是长不大的小孩：学习中奖励机制的设定与维持

我有几个朋友考上大学后，又因为学习问题被学校劝退了。他们从小到大都是被父母逼着学习的，到了大学，离开了父母，没有任何学习的动力，每天沉浸在游戏里，成绩自然就一落千丈，甚至到了被劝退的境地。

这些人会选择游戏，意味着游戏一定有比学习更吸引他们的地方。游戏的吸引力究竟是什么呢？如果我们想把学习变得像游戏一样有趣，又需要做些什么呢？

我有一个学生曾说："你凭什么让我听课，不让我玩游戏？游戏是几百个人花几千万元让我开心十几分钟,而同样的时间里我的老师只是把去年的 PPT 翻出来又念了一遍。"可见,要学会学习,我们也必须懂得游戏。

《王者荣耀》的日活跃用户接近 2 亿,是一款非常热门的游戏。下面以读一本书和玩《王者荣耀》为例,分析二者究竟有什么不同。

我们登录《王者荣耀》后,要做的第一件事就是点红点,领取各种各样的奖励,如铭文碎片、英雄碎片、皮肤碎片、皮肤体验券等,甚至还有很多叫不出名字的小道具。我们只需随手点一下,就可以获得这些奖励。

真正进入游戏后奖励就更多了。"击杀"小兵后获得的金币,释放技能时出现的绚烂效果,击败敌方英雄时屏幕上跳出的提示,都属于奖励,都会让我们感到开心和满足。这些奖励吸引着我们,让我们想一直玩下去。

这些奖励还有很好的分层,有的奖励门槛非常低,人人都能轻松获得,如"击杀"小兵、买装备等;而有的奖励获得的难度比较高,如击败敌方英雄、摧毁敌方防御塔等。在游戏中,无论我们的游戏水平如何,都能获得相应的奖励。

而如果是读一本书,获得奖励的门槛则会高很多。一方面,书上没有小红点指引我们去哪里获得奖励,我们需要自己寻找;另一方面,很多知识密度相对较大的书或教材的作者,并不会用很多篇幅去解释那些他们认为很基础的知识,一本书的知识深度往往前后差距不大,因此不存在"打小怪刷经验"这种好事,我们面对的可能都是难度相似的知识。如果我们读不懂这本书,忙活了半天却一无所获,自然就很难坚持下去。

从奖励的角度来说,大家也很容易理解为什么同样是书,网络小说比教材有趣很多,因为网络小说的语言往往简单、直接,读起来没什么压力,同时情节进展非常迅速,读者可以不断获得所谓的"爽感",自然也就愿意读下去。

了解了游戏的魅力后,我们如何利用这种机制来激励自己学习呢?我们可以用三步游戏人生法来设计自己的学习过程,如图6-1所示。

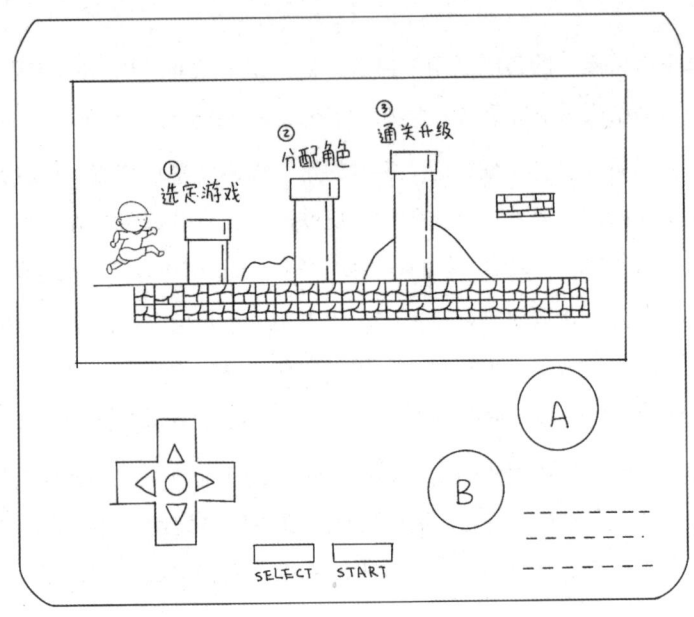

图6-1 三步游戏人生法

第一步,选定游戏。

这里的"游戏"泛指可以被游戏化的动漫、游戏、电影等所有故事。不同的人喜欢的故事不同,选定你喜欢且熟悉的可以游戏化的故事即可。

第二步,分配角色。

根据游戏化的故事给学习对象分配角色。以日本动漫《龙珠》为例,如果你要突破的对象是高中数学,那么你首先可以给自己分配一个角色,可以是悟空,也可以是贝吉塔,甚至可以是反派角色弗利萨。只要你喜欢,你可以给自己绝对的"主角光环"。

然后把你要重点学习的问题列出来,如解析几何、立体几何、排列组合、等比数列、等差数列、三角函数、不等式,对应《龙珠》里的七颗龙珠,如图 6-2 所示。解决了这 7 大类问题就等于集齐了 7 颗龙珠,可以让神龙满足你的愿望,如换个手机或买个 iPad。而扮演神龙的就是家长,当 7 大类问题被全部解决后,你的数学成绩肯定上了一个台阶,此时你可以和家长商量是否能获得一些奖励。

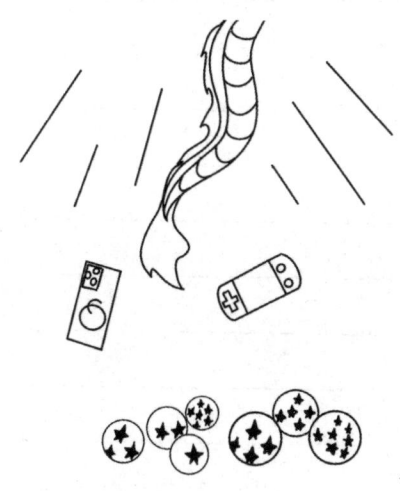

图6-2　七颗龙珠

我们还可以在做题时给每道题目分配角色。例如,某道选择题是皮拉夫,某道填空题是比克大魔王,某道大题是沙鲁,最难的题是魔人布欧。只要能让我们代入、能让我们有游戏的体验感就可以。

第三步,通关升级。

分配好角色之后,我们就进入了通关升级、获得奖励的阶段。我们可以根据通过关卡的难度和整体阶段给自己设定不同的奖励。例如,做对一道简单的题目,就奖励自己吃一包零食;做对一道复杂的题目,晚餐就给自己加个鸡腿。奖励的形式多种多样,我们可以按照自己的喜好给自己设定奖励。

[**课后作业**]

利用三步游戏人生法设计学习的过程。

第一步,选定游戏(动漫、游戏、电影等)。

_____

第二步,分配角色。

重点问题 1:_____

对应角色:_____

重点问题 2:_____

对应角色:_____

重点问题 3:_____

对应角色:_____

重点问题 4:_____

对应角色:_____

重点问题 5:_____

对应角色:_____

第三步,通关升级。

关卡 1:_____

奖励:_____

关卡 2:_____

奖励:_____

关卡 3:_____

奖励:_____

6.3 如何用好大棒：学习中惩罚机制的设定与维持

游戏比书更能吸引我们的另外一个原因是，游戏更容易让我们体会到自身的成长。游戏中通常有一个由我们扮演的角色，我们会觉得这个角色的成长就是我们自身的成长。还是以《王者荣耀》为例，在这个游戏中，我们扮演的是召唤师的角色，召唤师可以召唤各种英雄参加战斗。召唤师的成长有多种途径，如参加对战可以获得经验，积累一定经验可以升级，每升一级召唤师都会变得更强，这就会吸引我们持续地玩下去。

反观读书，相信大家立刻就能理解，为什么小说等有主角的、讲故事的书，我们比较容易看下去；而单纯说理的书，我们就看不下去。因为我们在看书或学习时很难有代入感，也很难直接看到自己的成长。

在学习过程中，我们经常会产生惰性，想要偷懒、退缩，这时如果没有惩罚措施，我们就会认为放弃也无所谓。因此，我们需要一套惩罚措施时刻提醒自己，不能找借口退缩。

我们需要给自己的错误行为分级，如分为 A、B、C、D 四级，A 级错误行为等级最高，问题最大；D 级错误行为等级最低，问题最小。然后为每个级别确定两个内容，一个是哪些错误属于这个错误行为级别，另一个是犯了这个级别的错误应该受到何种惩罚。

A 级错误行为，如一个星期没有完成学习计划；惩罚措施：一个星期不能玩任何电子游戏。

B 级错误行为，如没有按时完成重要的作业；惩罚措施：满足监督人一个要求。

C 级错误行为，如规定时间内没有完成计划的学习内容；惩罚措施：三天不能吃零食。

D 级错误行为，如错题没有及时改正；惩罚措施：背 10 个单词。

[课后作业]

表 6-1 所示为惩罚机制设定表,请大家根据自己的实际情况填写,并严格执行相应的惩罚措施。

表6-1 惩罚机制设定表

分级	具体错误	惩罚措施
A	(1) (2) (3)	
B	(1) (2) (3)	
C	(1) (2) (3)	
D	(1) (2) (3)	

6.4 没有崩坏的未来:学习中监督机制的设定与维持

在学习过程中,除了奖励机制和惩罚机制,我们还需要一个监督机制。设置监督机制的基本原则是保持中立,公平地评判我们是应该获得奖励还是应该接受惩罚。因此,设置监督机制时要解决的核心问题是谁来监督。

监督人可以是我们自己吗？答案是不可以，因为如果由我们自己监督自己，那么我们在获得成绩时很容易给自己过高的奖励，而在面对惩罚时又想打折扣。因此，监督人必须由第三方担任。一般而言，第三方监督人有三种选择，如图6-3所示。

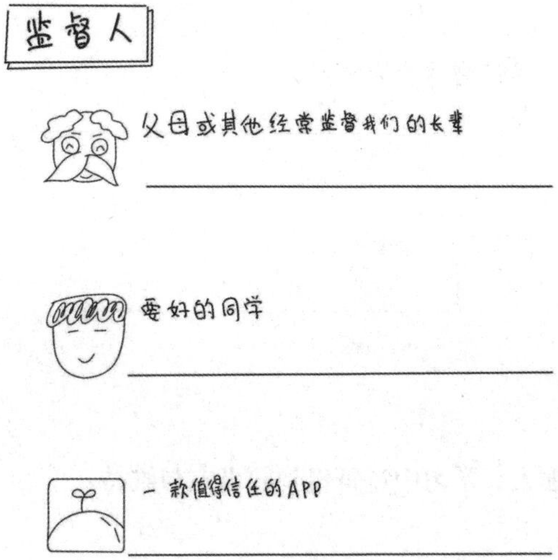

监督人

父母或其他经常监督我们的长辈
＿＿＿＿＿＿＿＿＿＿＿＿＿＿＿＿

要好的同学
＿＿＿＿＿＿＿＿＿＿＿＿＿＿＿＿

一款值得信任的APP
＿＿＿＿＿＿＿＿＿＿＿＿＿＿＿＿

图6-3 第三方监督人

如果制定的奖励措施中，有需要和父母沟通以获得奖励的情况，那么可以请父母成为我们的监督人。如果不喜欢让父母监督自己，则可以选择自己的同学或一款值得信任的APP监督自己。我们可以和同学互相监督，不仅熟悉对方的学习状态，而且清楚目标达成的标准，能够更好地交流，还能形成学习小组，进一步促进学习。而如果没有合适的同学，我们就需要用到APP。我们要做的就是对自己保持忠诚，如实填写自己的学习状态。

[**课后作业**]

选择你的监督人，并填写在下图的相应位置。

监督人

父母或其他经常监督我们的长辈
_____

要好的同学
_____

一款值得信任的APP
_____

6.5 恨比爱更强大：学习中竞争机制的设定与维持

我们知道了游戏为什么吸引人的秘密之后，到底应该怎样改进自己的学习方法，让学习变得有趣起来呢？

高中时我和几个朋友一起设计了一套非常简单、有效的奖惩机制。其中特别有趣的一点是，每天最先做完作业的人，可以大喊一声"我做完了"。当这个人喊出这句话后，其他人就必须停笔，立刻跟着他去食堂吃饭。我们一般会在晚自习吃饭之前把当天的作业写完，吃饭的时候写完的人就可以尽情享受美食；而没写完的人吃饭时还惦记着作业，吃也吃不好。这就使得我们每个人对写作业都有一种近乎疯狂的执念。

这其实和玩游戏"对线抢兵"非常像，我们甚至会为此"钩心斗角"。记得当时有个同学为了能赢一次，憋了三节课没上厕所，就是为了不浪费下课的任何一分钟时间。

除了这种相互竞争的奖励，我还给自己设定了很多小的奖励，如作业中错题不超过两道，我就可以吃一根雪糕；考试排名提升了，我就可以在当周周三多打15分钟篮球；作文被老师评为优秀作文在全班同学面前朗读了，我就让自己放松一个晚上，晚自习以后不再学习，而是早睡一小时。

高中三年中，我设置了上百条各种各样的小奖励，每一条我都很认真地写在小纸条上，然后把这些小纸条贴在我的桌子上，让同学一起督促我执行。这个习惯我一直保持到了现在，每一项我认为比较复杂的工作，我都会给自己设置一个奖励机制，如果完成了，就兑现奖励。

课后作业

结合自身情况，设置一套竞争机制，督促自己更好地学习。

（1）选择几个在学习方面志同道合且有意愿互相监督、共同提升的朋友。

_____

（2）几个朋友一起设定竞争规则。

_____

（3）设定奖励机制。

_____

（4）设定惩罚机制。

_____

（5）定期组织颁奖仪式。（竞赛就要分输赢，一定要注重仪式感，颁奖仪式也是一个交流的机会。）

_____

（6）设计下一次竞赛。（颁奖仪式结束后要设计下一次竞赛的内容。）

_____

[**本章总结**]

我们为什么容易沉迷于游戏,而不容易沉迷于学习呢?

学习迁移

重新定义你的认知结构

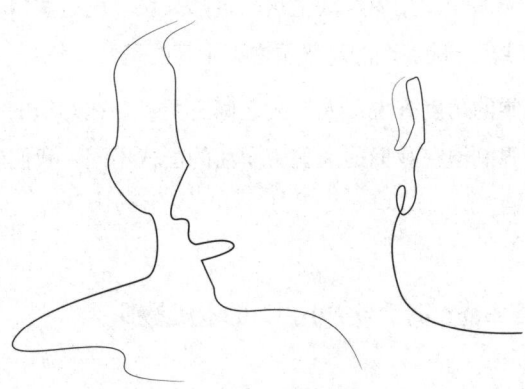

7.1 知识的"诅咒":我们学不会的究竟是什么?

我想大家或多或少都有过这样的感受:同样是学习,同样是应用知识,学霸和专业领域的行家就是比一般的"小白"学得快,用得灵活。当我们还在思考"到底在讲什么"的时候,他们已经理解原理并能举一反三了。

参加会议时,专家和行业大牛频频交流,而我们却经常一脸茫然。日常生活中,面对涉及我们不熟悉的领域的谈话,我们也只能一脸疑惑地看着别人谈笑。

之所以出现这样的情况,是因为人与人之间存在知识的"诅咒"。

知识的"诅咒"是,人一旦知道了某个知识,就很难想象不知道这个知识的人是怎么想的。这种知识量和知识背景的差异,造成了人和人沟通的障碍,甚至会导致专业人士在某种程度上丧失和门外汉交流的能力。

就拿处方单来说,就算我们知道医生开的药是红霉素软膏,也不明白为什么处方单上"红霉素软膏"五个大字被一笔代替了。其实,医生在开处方的时候,写的并不是药品的中文名称,而是对应的拉丁文名称的缩写。这些我们一无所知的知识对医生和药剂师来说早已是家常便饭,所以药剂师自然能在我们一脸迷茫的时候看懂医生开的是什么药。

从心理学的角度来说,人与人之间之所以存在知识的"诅咒",是因为不同的外界刺激在我们的大脑中激活的图式不同,我们想到的东西自然也会有所差别。

7.2 图式与表征:高手与"小白"的本质差别

图式是人脑中已有的知识经验的网络,是在特定环境下可以被重复使用的一组思想或动作。例如,阅读完本书前面章节的内容后,提到"布鲁姆分类法"时，你的脑海中可能会浮现出一张二维表，这张二维表的列标题是知识的种类，包括事实性知识、概念性知识、程序性知识和元认知知识；而行标题是认知层次，包括记忆、理解、应用、分析、评价和创造。

紧接着你会想到用这张表锁定自己的学习目标，然后根据相应的要求制订自己的学习计划。你脑海中出现的这张表及后续的一系列想法，就是由大脑中关于"布鲁姆分类法"的图式反映出来的。这种制订学习目标的方式，在你学习了这个概念之后，就以图式的形式存储在你的大脑中了，因此再提到相关的概念时，你就会立即产生一系列的想法。此时，这个图式就是在特定环境下可以被重复使用的一组思想。

再如，心理学家皮亚杰曾经看到他 16 个月的儿子劳伦特做过这样一件事：家里的桌子上有一块面包，劳伦特很想吃，就伸手去拿，但是面包放得太远了，他够不到，只好作罢。这时皮亚杰在劳伦特和面包中间放了一根棍子，劳伦特看看面包，又瞧瞧棍子，然后拿起棍子把面包拨了过来，用手拿起面包很开心地吃了起来。

皮亚杰又在原来放面包的位置摆了一件玩具，吃饱后的劳伦特又打起了这件玩具的主意。这次他毫不犹豫地拿起棍子，娴熟地把玩具拨了过来，拿到了手里。

对于劳伦特来说，要想拿到桌子上原本"遥不可及"的东西，就要用一根棍子把这件东西朝自己这边拨，然后用手去拿。这一系列动作，就作为一个图式存储在了劳伦特的大脑里，下次再有他想要的东西出现在他够不到的地方时，这个图式就会被激活，他就会再用这种方法去够东西，劳伦特的这个图式也就是在特定环境下可以被重复使用的一组动作。

从上面的两个例子中我们不难发现，在学习的过程中，我们会不断修改原有的图式或干脆建立新的图式来解决新的问题。例如，劳伦特"用手拿东西"的图式，在东西被放在他够不到的地方时就不奏效了，所以他修改了自己拿东西的图式，学会了将东西先用棍子拨近再拿。再如，大家在阅读本书之前，可能不知道"布鲁姆分类法"是什么，而经过学习后，建立了新的图式，就学会了用布鲁姆分类法来制订学习计划。

由此可以看出，学习其实就是对图式进行修改和构建。图式也是我们学习新知识点的基础，越是完善的图式越能帮助我们更加高效地学习，如图 7-1 所示。

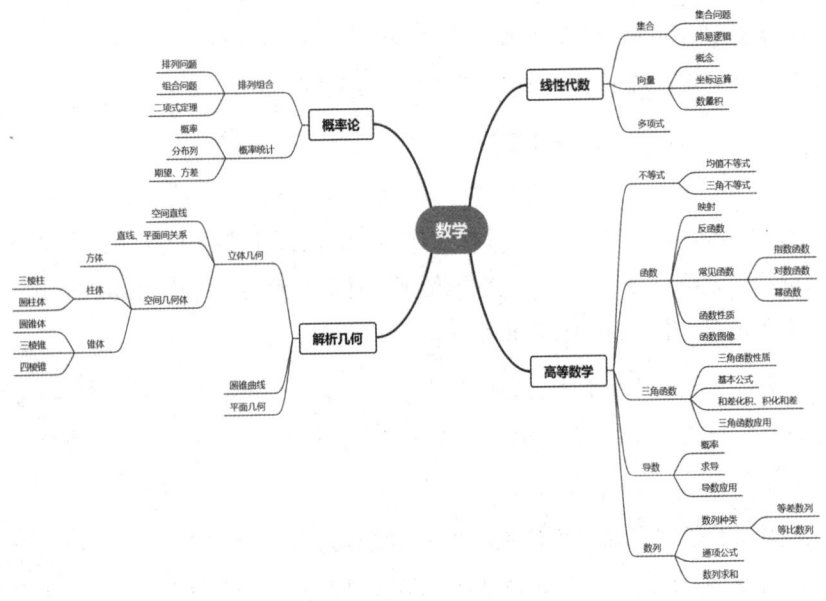

图7-1 图式示例

与陈述性知识不同，程序性知识是关于"如何做一件事"的知识，因此它总是以产生式系统的形式存在。所谓产生式，其实就是形如"如果怎么样，就怎么样"的条件语句。例如，关于自行车刹车的产生式可以是"如果我想使自行车停下，我就要按刹车"。产生式系统是由一些产生式构成的一个体系，它可以给出我们应对不同情况时需要做出的反应。例如，"如何骑自行车"这一程序性知识可能包含以下产生式：

（1）如果我想加速，我就要快速踩踏板；

（2）如果我想减速，我就要按刹车；

（3）如果我想右转，我就要顺时针转把手；

（4）如果我想左转，我就要逆时针转把手。

陈述性知识和程序性知识在长时记忆中的组织形式存在差异，因此加深对这两种知识的记忆所需要的方法也有所不同。要想加深对陈述性知识的理解和记忆，就要建立更多的关系，把更多的论点彼此联系起来。

例如，你对"竹鼠"的了解仅限于"竹鼠是一种吃竹子的动物"，那么你可能对竹鼠并没有具体、深刻的印象。但是在竹鼠因为"一百种被吃的理由"火了之后，你原本单薄的命题网络中可能会增加一些新的关系、新的层次结构，如"竹鼠容易中暑""竹鼠是一种食材""竹鼠中暑之后就会被吃掉"等。然后你就会把竹鼠和"中暑""食材"等概念联系起来，竹鼠和更多的信息之间建立更多联系后，你对它的印象也就更加深刻了，如图 7-2 所示。

而要更好地掌握程序性知识，我们需要进行刻意练习，以熟悉每个产生式对应的身体和心理感受，从而达到一回生二回熟，甚至熟能生巧的效果。例如，我们要提高驾车技术，就需要经常驾车外出，通过对各种路况做出相应的反应，熟悉与前进、转弯、刹车有关的一系列产生式。渐渐地，我们就可以游刃有余地驾车穿梭于人群、车流之中。

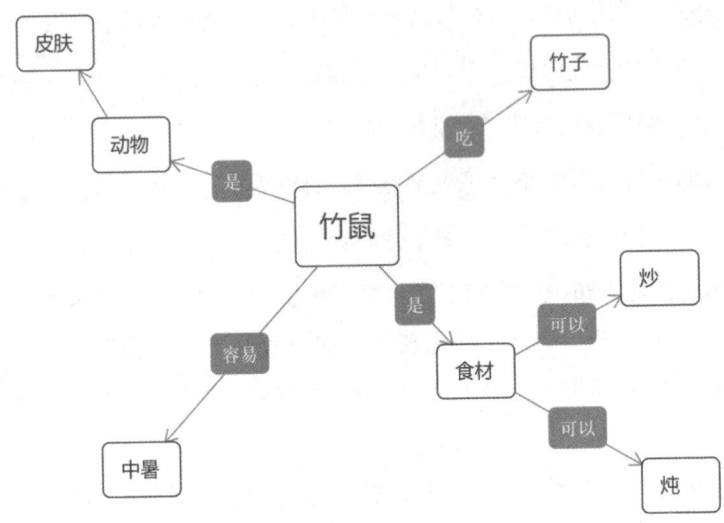

图7-2 有关竹鼠的陈述性知识

7.3 费曼技巧：知识迁移的第一步

简单来说，**费曼技巧就是经常把自己知道的知识说给别人听**。这种方法一方面可以促进陈述性知识和程序性知识之间的转化，另一方面可以帮助我们发现并消除知识的"诅咒"。

陈述性知识和程序性知识是可以相互转化的，转化需要建立在理解与大量练习的基础上。也就是说，陈述性知识与程序性知识之间的转化，需要经过我们更高层级的认知加工。

费曼技巧的核心就是用"教"的方式来学，"学"是把陈述性知识转化为程序性知识，而"教"则是把程序性知识转化为陈述性知识。费曼技巧可以促进两种知识间的转化，从而帮助我们获得更好的学习效果，如图7-3所示。

图7-3 两种知识的转化

在教别人的过程中,我们还可以通过别人提出的疑问,发现知识的"诅咒",从而及时消除它们。我们在教别人的过程中可能会遇到这样的情况:有些知识点我们以为自己已经说得很清楚了,但是对方却没有听明白,因此我们不得不停下来仔细解释。这其实就是对方帮我们发现了双方之间存在的知识的"诅咒",而我们给对方解释清楚之后,"诅咒"也就被我们消除了。

使用费曼技巧,我们要做的事情就是把自己要学的知识教给一个对此一无所知的人,在教会别人之后,我们只需要对这些知识稍加整理,就能很好地掌握它们了。这个技巧最常见的应用就是给同学讲题,如果有同学向你请教问题,一定不要怕麻烦,尽量不要推脱,因为给别人讲题是应用费曼技巧的大好机会。

我上高中时,坐在我旁边的是一位学习非常认真的同学,他认真到可以在一本练习册边边角角的空白位置写满题目分析、错题订正等笔记。

如此认真的同学自然不会放过任何一个自己不懂的问题,遇到问题一定要找老师或同学问个明白才肯罢休。排列组合相关问题对他来说比较困难,因此他经常问我有关排列组合的题目,我本以为两三句话就能讲清楚,结果我给他讲了一个月,他才弄明白。

一开始我讲题的时候,只是简单复述自己做题的步骤,如列个什么样的组合式然后计算出来。但是在他看来，我是在给他演示"一顿乱乘"的计算。所以我越讲，他眉头皱得越紧，不得不打断我问为什么这样列式子。被他打断几次之后，我发现不能只告诉他我是怎么做的，还得跟他说我是怎么想的。

我先给他总结了各类题目分别有什么特点，然后给他展示了使用"经典错误方法"的后果，说明了为什么这些方法不可取。最后他终于搞懂了排列组合问题。

多亏了这位同学的"死缠烂打"，逼着我把排列组合的相关知识仔仔细细学了个遍。在那一个月里，什么样的问题图式我都积累了下来。同时，为了打破我和他之间的知识"诅咒"，同步我们的图式，我想尽办法把自己的图式呈现给他看，因此考试时我运用这些已经研究透彻的知识非常熟练。

7.4 刨根问底：图式与学科框架的完善

完善图式的第一个方法是针对陈述性知识的。这个方法的核心在于使用思维导图等工具，将知识结构可视化，把命题网络清晰地展现出来。

首先我们可以把自己新学到的知识，按照一定的逻辑关系画成一张思维导图。有时我们对某个知识理解不到位，可能是因为我们没有厘清各个知识点之间的关系。这个时候，光靠想象难免会出现混淆或遗漏的情况，而通过思维导图整理命题网络，可以很好地解决这个问题。尝试把一节课中所学的内容用一张思维导图展现出来，可以帮助我们查漏补缺。

例如，数学课上老师讲了数列求和的方法，课后我们可能并不清楚这节课老师一共讲了几种求和方法，分别对应什么情况。此时我们就可以画一张思维导图，经过整理我们发现，老师一共讲了三种求和方法，分别是倒序相加、错位相减和裂项相消，它们对应的数列分别是等差数列、等比数列和通项公式。

然后我们要做的就是把新学的知识和已有的知识联系起来，拓展自己的知识网络，这样新学到的知识才能与已有的知识融为一体。而在寻找新旧知识之间的联系的过程中，我们会对这些知识有更加深刻的理解，从而更好地掌握这些知识。

继续以数学课为例，我们可以把数列求和的知识，与之前学到的有关数列的知识，通过"等差数列""等比数列"等在新旧命题网络中都有的节点联系起来，从而获得有关数列的更丰富的知识网络，如图7-4、图7-5所示。在这个过程中，我们可以通过不同的求和方法进一步理解不同数列的特性，也更容易记住为什么要使用这种方法求和。

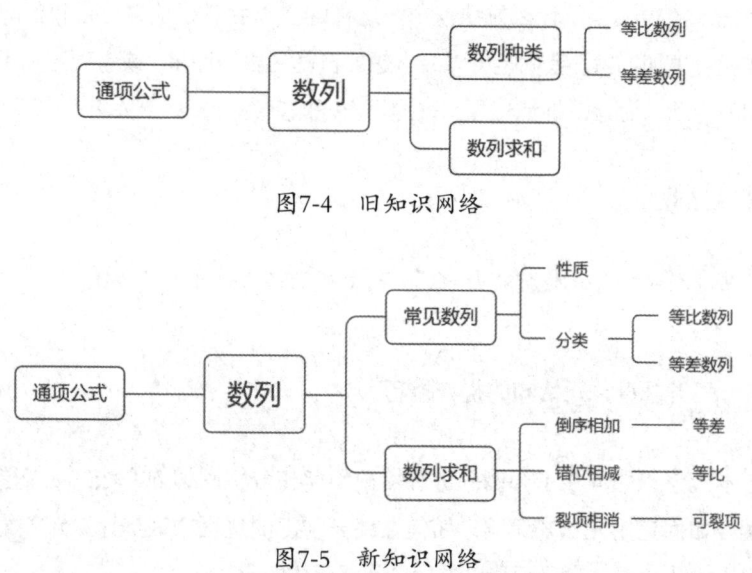

图7-4　旧知识网络

图7-5　新知识网络

完善图式的第二个方法是为程序性知识"量身定做"的。在学习新技能的时候，我们需要做的是通过练习实现动作的"自动化"。

在学习新技能时，我们可能会接受得比较慢，这是因为和处理我们熟悉的产生式相比，处理新的产生式时，我们需要更多的时间来判断具体情况是否符合新产生式条件。判断条件之后，我们的大脑给出指令的时间会更长，而我们的身体接到指令之后，给出相应的反应也会耗费更多的时间。但是学霸经过大量的练习，遇到问题基本已经能够自动对应解决方法。

要训练出有关数学的自动化思维，我们可以尝试默念解题思路，如"确定要求的数，找到规律，找到通项公式，找到求和公式……"这样的节奏可以帮助我们更熟练地运用所学的程序性知识。

除了身体力行地练习，设身处地想象自己做某件事也可以提高熟练度。例如，女生学习化妆，在看美妆博主化妆的同时思考，黑眼圈应该用什么手法遮，痘痘又要用什么方法盖……这样她在以后真正给自己化妆的时候动作就会更加娴熟。我们也可以经常想象自己在做一件事，或者观摩高手、大神的行动、做法、训练过程，来提升自己的熟练度。

[**课后作业**]

请选择一道你比较擅长做的菜，用自己的语言讲述制作步骤。

7.5　三省吾身：元认知的提升技巧

本节将以如何读书为例，讲解检视阅读和分析阅读的方法，以及学习过程中如何运用元认知策略，如何在终身学习的过程中锻炼元认知能力，如何用元认知能力自我调整以进行自我调节式的学习。

元认知这个概念在前文中介绍布鲁姆分类法时提到过。请大家回想一下，知识的 4 个分类和认知的 6 个层次分别是什么。

知识的 4 个分类：

1. _____

2. _____

3. _____

4. _____

认知的 6 个层次：

1. _____

2. _____

3. _____

4. _____

5. _____

6. _____

在进入主题之前，请大家回答一个问题：你是如何读书的？

我的学生苏苏曾经给我留言："黄老师，我在年初给自己制定了年度目标，其中有一项是读完 20 本书，可是到年底才读完 2 本。我很想好好读书，可就是读不下去。"

我问了她是怎么读书的，这一问才知道，她读书就是从第一页开始往下看，直到看完为止。看完一本书就算完成了一项任务。问她这本书写了什么，她基本答不出来，就像没看过一样。

能这样读的书，大多数是故事性强但不太能增长知识、锻炼逻辑的小说。如果这样读知识性、思辨性强的书，遇到不懂的词或概念，很容易卡在那里甚至放弃阅读。

学霸读书的秘诀其实大同小异，对元认知能力的灵活运用，使他们形成了一套自动化的阅读方法。接下来重点讲解读书的两种基本方法：**检视**

阅读和分析阅读。

7.5.1 检视阅读

检视阅读就是通过快速翻阅图书获得信息。 我们可以通过检视阅读迅速判断一本书值不值得读、对我们有没有帮助、需不需要进一步分析阅读。我们需要先浏览前言、后记、附录、索引，对图书的主题有一个基本的认识；再浏览目录，看看作者是如何为图书搭建框架的。做完这些我们即可基本了解这本书的概况，也就可以确定要不要读这本书了。

如果不是有明确的目的，其实并没有哪本书是非读不可的。别人推荐的书，可能并不适合我们阅读。

在时间有限又需要获取相关知识时，就可以运用检视阅读的方法。通过检视阅读，我们可以判断一本书的阅读难度，也可以了解书中有哪些新知识，还可以明确哪个部分是全书的重点，甚至可以用布鲁姆分类法针对这本书给自己定一个阅读目标——哪些章节是要记忆的，哪些章节是侧重于运用的，哪些章节是了解即可的。这样我们读书时就可以直奔最重要的、最感兴趣的部分。我们读书时可以结合自己的情况选择自己看得懂且感兴趣的书和章节进行阅读，不必"死磕"一本读不下去的书。

> **课后作业**

利用检视阅读的方法，分析自己最近准备读的一本书。

这本书是否值得读？为什么？_____

你是否喜欢这本书？具体喜欢哪些内容？_____

你想从这本书中收获什么？_____

这本书的主题是什么？_____

这本书的阅读难度如何？_____

这本书中你已经了解的内容有哪些？_____

你从这本书中能够学到的新内容有哪些？_____

这本书中可以一带而过的内容有哪些？_____

这本书中需要重点学习的内容有哪些？_____

利用布鲁姆分类法制定关于这本书的阅读目标：

_____

_____

7.5.2 分析阅读

在检视阅读的过程中我们会发现，有些内容需要我们深入理解、灵活运用。针对这部分内容，我们要使用第二种阅读方法——分析阅读。

分析阅读就是主动带着问题阅读，在阅读的过程中不断分析问题，并给出答案。分析阅读的四个基本问题如图 7-6 所示。

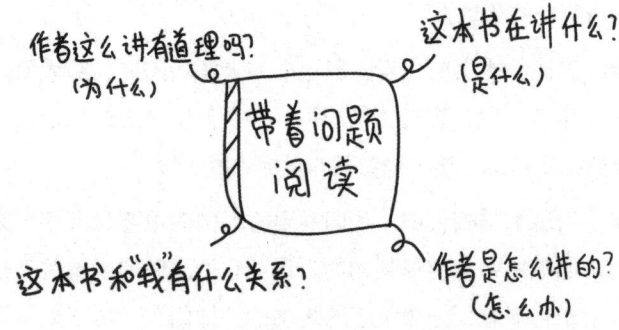

图7-6　分析阅读的四个基本问题

第一个问题——这本书在讲什么？

回答这个问题分为四个步骤，如图 7-7 所示。

图7-7 这本书在讲什么

第一步，明确图书的分类。不同类别的图书提供的知识截然不同，了解图书的类别，我们才能确定阅读策略，以更好地吸收图书中的知识。例如，阅读非虚构类的作品，我们就要时刻提醒自己，书中的故事是真实的，我们可能也会经历。而对于虚构类的作品，我们就可以以相对放松的心态阅读，感受作者天马行空的想象力。

第二步，叙述整本书的大意。叙述书的大意不需要长篇大论，只需要用不超过100字的一段话进行概括即可。当我们整理出这段话后也就明白了作者写作的主要意图，接下来看书的目标也就明确了。

第三步，为这本书列大纲。我们需要将书中的重要章节列出来，分析它们是如何按照顺序组成整体架构的，以及它们之间的逻辑关系是什么。列出大纲，就相当于有了一张关于这本书的"地图"，接下来不管我们如何在书中遨游也不会迷失其中。

第四步，发现作者的提问。作者在写作时，往往会对自己提出一个问题，或者是一连串问题，然后在写作的过程中回答问题。发现作者的提问，就是找出作者提出的问题。看到"问题"两个字，你可能会想到作者尝试探索的原因、条件、影响、目的等。归根结底,还是"终极三问"。无论多复杂的书都可以通过回答"终极三问"中的一个或几个问题,厘清阅读的思路。

第二个问题——作者是怎么讲的?

回答完第一个问题后,我们已经画出了一本书的框架,接下来要做的就是为它补充细节。回答第二个问题也有四个步骤,如图7-8所示。

图7-8 作者是怎么讲的

第一步,明确关键词的定义。 从语言本身来看,词义是模糊的。例如,"早晨"具体是几点到几点?

不同人对于"早晨"的定义是不同的。如果你认为七点到九点是早晨,那么九点零一分算不算早晨呢?这么简单、常用的词,都无法确定词义,回忆一下你读过的书,你还敢说自己看懂了吗?

幸好,一个段落中的关键词并没有那么多。如果你觉得没读懂某个段落,很可能是对关键词的理解出了问题。那么,关键词应该怎么找呢?我们可以找作者反复强调的特定的词、作者与他人争议的焦点、作者使用的比较少见的词等。找到关键词，并明确作者对关键词的定义，按照作者的定义来阅读，才能透过作者的文字，感受他的思想。

第二步，抓住主旨。主旨通常藏在关键句中。关键句通常是陈述句，用于阐述作者的判断。有些书中作者会通过画线、加粗、变换字体或提问的方式，帮读者把关键句标出来。但这些句子中只是隐藏着主旨的线索，需要读者从中分析出主旨，并用自己的话将主旨表述出来。

第三步，找出重要论述。论述是一系列有序的主旨，包括理由和结论。论述的方法一般分为以个例证明通则的归纳法和以通则推导出新的通则的演绎法。这些方法有助于我们找到重要论述。

第四步，找到作者的逻辑脉络。通过前面三步，我们不仅可以回答作者的提问，还可以知道作者解决了哪些问题、还有哪些问题没有解决、是否提出了新的问题。

第三个问题——作者这么讲有道理吗？

知识再渊博的作者也有不足之处，没有人是十全十美的，也没有书是无懈可击的。

我们和作者的看法、理解不同是很正常的事，我们能发现不同，说明我们读懂了这本书。但是在正确回答前两个问题前，不应轻易评论。即使理解了图书的内容，在评论时也要谨慎。不同意作者观点的理由要足够充分，要明确其分析和逻辑哪里出了问题。例如，指出作者的论点不正确，可以阐述作者缺乏什么知识。我们在进行思辨时，书也就被我们读"活"了。

第四个问题——这本书和"我"有什么关系？

第四个问题是我们最容易忽视的问题。我们读一本书都希望能最大限度地吸收它的价值，以解释生活中的现象，解决学习、工作中的问题。如果一本书读完，没有跟我们既有的知识产生联系，也没有对我们产生指导作用,那么读这本书不仅没有意义,还浪费了我们读另一本好书的时间。

> 课后作业

图7-9所示为一个思维导图模板,请大家根据所学内容分析自己正在读的一本书。

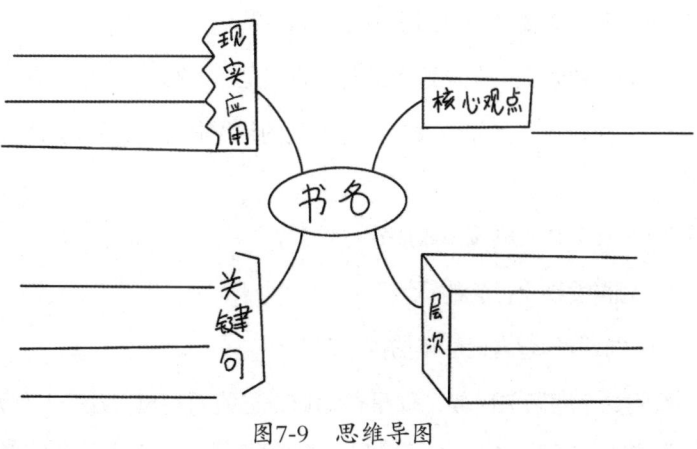

图7-9　思维导图

7.5.3　元认知

接下来介绍最核心的问题——我们能否精准地回答前面的四个问题,即元认知监控。在阅读的过程中,元认知都做了什么呢?

元认知即对认知的认知。请回忆一下,元认知知识使我们具备回答哪些问题的能力呢?用手捂住下面的答案,凭借记忆填写:

(1)_____

(2)_____

(3)_____

(4)_____

（5）_____

（6）_____

（7）_____

写完之后，我们一起回顾一下：

（1）关于这一主题"我"知道什么？

（2）"我"需要多少时间学习这些内容？

（3）如果要解决某个问题，最佳的方案是什么？

（4）如果执行了最佳方案，可能出现的结果是什么？对这样的结果是否满意？

（5）"我"该怎样调整程序？

（6）怎样发现自己犯的错误？

（7）"我"理解自己阅读的内容吗？

在看到这个问题的时候，你是否知道自己能回答出来几条？你预期的回答情况跟实际结果一致吗？这些知识在你的知识地图中的什么位置？

这一连串的问题可能让你感觉学得很累，但主动、有意识地监控认知，才能帮助你真正有效地学习。

元认知能力体现在运用上，很难表达和教授。因此，大多数人的元认知能力是在认知活动中逐渐掌握的，就像"小马过河"一样。每个人的元认知知识和元认知能力都不同。

那么，元认知就无法学习和练习了吗？其实并不是。下面接着读书的话题，讲解像学霸一样调动元认知来阅读具体需要做什么。

记笔记的方法是"一眼望穿想关系，时刻都问为什么"。阅读也可以用同样的方法。要了解整本书的框架，理解知识与知识的关系、知识与自己的关系，并对书中的内容保留批判性思考，就要时刻问自己这里为什么这样写，和自己想的是否一样。具体做法如下。

1. 确定阅读目标，采取相应的学习策略。

2. 确定什么是最需要学习与记忆的内容。

3. 利用已有知识理解正在阅读的材料的意义。

4. 利用图表或其他工具帮助理解。

5. 对阅读内容进行精细化处理，如分析逻辑关系、设想可能的实例或应用等。

6. 针对阅读的内容向自己提问，并试着回答。

7. 了解概念内涵和表述的衍变。

8. 批判性地评价和总结阅读的内容。

7.6 生活中的PBL：学习迁移的日常训练

PBL（Problem Based Learning）是一种基于问题的教学方法。与传统的以教师为中心的教学方法不同，PBL是以学生为主体的。

学习迁移能让惰性知识"起死回生"。下面从学习迁移的角度进行讲解，帮助大家升级认知，提升解决新问题的能力。

首先，从"终极三问"出发，讲解什么是一个问题，什么是问题的解决策略。每个问题都有三个主要组成部分：**目标**、**已知信息**、**操作**。

◎ 目标是我们希望达到的最终状态，也就是一个良好的解决方案所能带来的结果。

◎ 已知信息是我们从问题中可以得到的各种信息，如问题的背景信息和条件。

◎ 操作是我们为了达成目标所要采取的行动。

而解决问题的策略就是根据已有信息，为了达到目标而采取的一系列操作。

我们往往会发现，专家们能快、稳、准、狠地找出关键信息，并明确这些信息之间的逻辑关系，而小白却会因为找不准信息而迷失在海量的信息中不知所措。

就像《哈利·波特与混血王子》中，魔药课上教授教完各种复杂的理论后提供了一大堆药材，让大家在下课前配出一种混合毒药的解药。所有人都不停地分析成分，尝试混合各种药材，火急火燎地熬制解药，唯有哈利根据"混血王子"在书上留下的笔记，找到了问题中最关键的信息：要解混合毒药的毒，就必须找出这些混合成分共同的解药，而"粪石"可以抵御很多种毒药，因此根本不需要那么多药材和复杂的处理手段，只需要往嘴里塞一颗"粪石"就可以解毒了。而此时迷失在海量信息中的同学们，已经被自己熬出的东西熏得无法招架。

在解决问题时，专家做的事情其实就是用已有的问题图式，为新的问题提出解决方案，而这个过程就是把已有的知识迁移到新的场景中的过程。

小白在这方面有所欠缺，除了问题图式不够丰富，更主要的原因是他们目前拥有的很多知识都是无法进行迁移的惰性知识，这些知识他们虽然学会了，但是不能灵活提取和运用。所以，我们要做的就是迁移学习的知识，激活自己的惰性知识。

迁移是一个很常见的现象，每当曾经学过的知识影响我们后来的表现时，迁移就发生了。

迁移可以被分为正迁移和负迁移。正迁移是指以前学过的知识对后来的表现产生了正面的影响。例如，我们以前学过滑冰，那么在学滑旱冰时就可以利用以前掌握的滑冰技巧，更快地掌握滑旱冰的方法。相反，负迁移是指以前学过的知识对后来的表现产生了负面的影响。例如，我们习惯了开手动挡的车，开自动挡的车时，就可能会踩实际上并不存在的离合器。

迁移不仅包括把已有的知识应用到新的场景中，还包括尽可能放大正迁移，消除负迁移，正确使用已有的知识，指导自己对新问题提出有创造性的解决方法，同时避开已有知识对解决新问题的干扰。

[**本章总结**]

提升迁移能力的 3 种方法。

第八章

"杀死"拖延

不再焦虑，学习可以更高效

8.1 你是拖延症患者吗？

如何判断自己是否是拖延症患者呢？下面分享三个例子。

第一个例子，你的朋友 A 在工作上从来不拖延，在领导面前有很强的表现欲，总是通过提前完成任务获得夸赞。但是 A 在生活中却很喜欢拖延，家人、朋友找他帮忙，他总是拖着不做。那么，A 是否有拖延症呢？

第二个例子，你的朋友 B 在工作上总是喜欢拖延，如果任务期限是一周，前几天他就会一直拖着，直到最后一两天用"爆表"的效率，连续十几个甚至二十几个小时不眠不休，把工作漂漂亮亮地完成。他知道自己前面几天是在拖延，但是他相信自己在临近截止期限时能爆发出惊人的潜力。那么，B 是否有拖延症呢？

第三个例子，你的朋友 C 工作压力很大，身体不好，总想锻炼身体，但是 C 每天早上都觉得时间不够，想晚上锻炼，又觉得刚吃完饭不适合锻炼；好不容易周末不用加班，也没有其他事情打扰，可是 C 又觉得空气不好、天气太冷，忙了一周还是多睡一会儿吧。结果半年过去了，C 始终没有锻炼，身体状况变得更差了，心里也很着急，锻炼变成了他的压力，一想到锻炼他就逃避。那么，C 是否有拖延症呢？

看完这三个例子，相信大家已经有了自己的判断。**不是所有"拖着不做"都是有拖延症。只有拖着不做这件事让你感到痛苦、焦虑，同时又没办法摆脱，才算有拖延症。**

我总结了四个标准，可以帮助大家更好地对是否有拖延症进行判断。

（1）有想做但是一直拖着没做的事情，它会对你造成严重的不良后果。

（2）这种焦虑且没有付诸行动的状态会让你感到痛苦。

（3）你明明知道要做的事情很重要，不能拖延，但总是无止境地拖延下去。

(4)拖延使你的人际关系变得紧张,给你在意的人造成了困扰。

如果你不符合这四个标准,你和身边的人也都能接受你的状态,那么拖延只是你的生活习惯,不是拖延症。如果你符合这四个标准,那么你可以做进一步的测试。

测试

你的拖延行为属于什么程度?完成下面的测试,你就会得到答案。

(1)你总是在学习/工作任务快到期限时才完成。

A.是　　B.否

(2)你总是在临近交作业或下班时开始忙碌,不知道时间被浪费在了哪里。

A.是　　B.否

(3)你没有学习计划或工作规划,总是想起什么就做什么。

A.是　　B.否

(4)除非是紧急任务,否则面对学习/工作任务时你总是紧张不起来。

A.是　　B.否

(5)你在学习/工作中存在"磨洋工"心理,每天都在混日子。

A.是　　B.否

(6)你在学习/工作中比较懒散,能拖就拖。

A.是　　B.否

(7)你总是分神,很容易被琐事打扰。

A.是　　B.否

（8）你做事缺乏信心，总是因为害怕做不好而拖延。

A. 是　　B. 否

（9）微博、微信、QQ、邮箱等一有消息，你就会马上查看和回复。

A. 是　　B. 否

（10）你没有什么欲望，知足常乐的心态导致你的行动力低下。

A. 是　　B. 否

（11）你的学习/工作缺乏逻辑性，缺乏时间管理技巧。

A. 是　　B. 否

（12）你情绪化严重，心情不好时学习/工作效率很低。

A. 是　　B. 否

（13）你没有目标，对于非即时回报的事情缺乏动力。

A. 是　　B. 否

（14）你的意志力不强，任务稍微困难一些就无法坚持下去。

A. 是　　B. 否

（15）你在重压之下会习惯性拖延。

A. 是　　B. 否

注：选"是"得1分，选"否"不得分。

测试结果

0~4分：轻度拖延。你的拖延行为在正常范围内。90%的人都有拖延行为，所以不用担心，继续保持下去即可。

5~11分：中度拖延。你的拖延行为在可控范围内。但如果你想要成为高效能人士，就必须改变学习方法或工作习惯，找出导致拖延的原因。

12~15 分：重度拖延。你的拖延行为超出了可控范围，需要引起重视，如果不及时做出改变，你的学习、工作、生活可能会受到很大影响。

8.2 改变习惯：记录拖延行为，发现拖延征兆

8.2.1 记录拖延行为

不要小看"记录"这件事，很多时候我们选择拖延，是因为根本没有意识到自己在做一件事之前，会先做很多无关的事。例如，我们本来想查看工作邮件，结果打开手机就刷起了朋友圈，当我们心满意足地放下手机时，完全忘了本来要做什么事。

为了找到这些藏得很深的拖延行为，我们需要把各种行为都记录下来。在记录自己的行为时，我们会意识到自己做的事情中哪些是有必要的，哪些是没必要的。

记录拖延行为需要注意三个层次，如图 8-1 所示。

图8-1　拖延的三个层次

第一层：分清哪些是拖延行为，不要漏记。

第二层：在多次记录拖延行为后，要找到自己的拖延征兆，一出现拖延的苗头就掐灭它们。

第三层：记录拖延的借口，不要害怕揭穿自己。

首先我们要分清哪些行为是拖延行为，哪些行为属于正常休息范畴。判断某个行为是不是拖延行为，最简单的方法就是看这个行为是否对你的工作状态起到了必要的调整作用，以及这个行为与工作任务有没有直接关联或必要性。

◎ 查看工作邮件前看微博热搜、刷朋友圈，这些行为显然是拖延行为。

◎ 写文案、写报告，这些行为是工作行为。

◎ 午休时间吃完午饭后去买咖啡，属于休息行为。

◎ 下午工作前感觉腰酸背痛，于是泡了杯茶；写了一会儿报告，觉得自己得上个卫生间。这两种行为属于要特别记下来的、典型的拖延行为。

心理学家研究发现，有些拖延征兆会产生生理反应。例如，当你即将出现拖延行为时，可能会想去卫生间。

我们要记录的除了明显的拖延行为，还有这些看似不起眼的、隐藏的拖延行为。为了把这些行为从我们一天做的所有事中择出来，我们可以在手边放一个本子，或者用手机备忘录，把做正事之前的所有行为一条一条地记录下来。

◎ 早上闹钟响后，按了"稍后提醒"，多睡了10分钟。

◎ 工作之前和同事聊了一会儿八卦。

◎ 晚上回家后，先看了一集电视剧才做饭。

◎ 决定第二天再开始记录自己的拖延行为。

在记录的过程中，不要放过任何一个细节，哪怕是在做正事之前冲了一杯咖啡这样不起眼的行为也不能遗漏。这样一来，我们就会发现，原来自以为充实的一天，其实很多时间都被拖延行为占据着。

表 8-1 所示为日常行为分析表，请大家将自己一天的行为记录下来，并进行分类。

表8-1 日常行为分析表

具体行为	学习/工作行为	休息行为	拖延行为

8.2.2 发现拖延征兆

拖延征兆指的是人的行为会遵循一些自动化的模式，每次要开始拖延的时候，都会做一些固定动作。例如，下班回家后，开门—换鞋—把包放在沙发上—脱外套—躺到床上，就是一套自动化的动作。做这套动作不需要刻意思考就可以完成。

在多次记录自己的拖延行为后，我们要找出经常出现的拖延行为，分析这些拖延行为发生之前我们有哪些反应，以及是否会出现一系列拖延行为。如果有，就记住这些反应，再遇到这种情况时，就要立刻在大脑中拉响警报——我又要开始拖延了！从而把拖延行为扼杀在摇篮里。

这些拖延征兆一般都很细碎，研究者把它们大体分为三类：**磨磨蹭蹭**、**自我拉扯**、**生理反应**。

第一类，**磨磨蹭蹭**。你知道应该开始做正事了，但是不直接去做，而是先做一些看似相关，其实无关紧要的事。例如，你在写一份很难写的报告，完成了一个章节,在开始写新章节之前,你反反复复地修改已经完成的部分,就是不去查资料写下一章。这种看似与工作相关的行为其实是你潜意识中对自己拖延行为的庇护。

第二类,自我拉扯。你或许有过这样的体会:感觉自己大脑里住着一个小天使和一个小恶魔,每次准备做正事的时候,他们俩就会吵架。这是控制理性的前额叶和控制原始冲动的边缘系统产生了冲突,此时你需要把内心活动记录下来,下次再遇到小天使和小恶魔吵架的时候,你就要意识到这是拖延的征兆。

第三类,生理反应。生理反应包括浑身酸痛、想上卫生间等。你可能会觉得奇怪,这些反应为什么也是拖延征兆呢?我们的内脏器官是由自主神经系统调控的,不受人的主观意愿影响,但是在漫长的进化过程中,我们的情绪反应已经和自主神经系统相互联系起来,当我们感到恐惧和焦虑时,自主神经系统会认为我们处在危险的环境中,从而使身体保持在应激状态。当我们满怀焦虑地拖延、满怀恐惧地赶任务时,自主神经系统会处于比较紊乱的状态,让我们觉得浑身不舒服。

为了弄清楚自己的生理反应是不是拖延的征兆,我们可以在记录拖延行为的时候观察自己,如果每次腰酸背痛都是在做报告,每次头昏脑涨都是在写论文,那么这些生理反应很有可能就是拖延征兆。

认识到这点之后,我们就能理性地看待生理反应,不过度放大身体的不适,不以此为借口,从而把注意力收回到自己该做的事情上。

表 8-2 所示为拖延征兆分析表,请大家结合自身实际情况填写。

表8-2 拖延征兆分析表

磨磨蹭蹭	自我拉扯	生理反应

续表

磨磨蹭蹭	自我拉扯	生理反应

8.2.3 用"执行意图"对抗拖延征兆

思维专家彼得·M·戈尔维策发明了一种思维工具——执行意图，可以帮助我们培养习惯。我们可以针对自己容易出现的拖延征兆，给自己设置一个条件：如果怎么样，就怎么样。一旦发现自己出现了拖延征兆，就做一件自己应该做的正事。例如，如果我想刷抖音，就去读几页书。

我们在"如果"后面给出的条件，就像是在大脑中埋下的一个行为线索，一旦这个线索出现，大脑就会反应出我们该做的事。这样下次再出现拖延征兆时，我们就不会轻易允许自己休息一下，继续拖延下去，而是通过提前给自己设置条件任务，让自己去做该做的事。

请大家针对自己的拖延征兆，设计执行意图。

（1）拖延征兆：＿＿＿＿＿＿＿＿＿＿＿＿＿＿＿＿＿＿＿＿＿

执行意图：如果＿＿＿＿＿＿＿＿＿＿＿＿＿，就＿＿＿＿＿＿＿＿＿＿

（2）拖延征兆：＿＿＿＿＿＿＿＿＿＿＿＿＿＿＿＿＿＿＿＿＿

执行意图：如果＿＿＿＿＿＿＿＿＿＿＿＿＿，就＿＿＿＿＿＿＿＿＿＿

（3）拖延征兆：_____

执行意图：如果_____，就_____

8.2.4 记下拖延借口，不要害怕揭穿自己

请大家回想一下，是不是每次拖延时，我们的理由都很充分？要改掉拖延的习惯，我们首先要弄清楚自己都找了哪些借口，把这些借口都记录下来，我们就没办法再用它们来掩饰自己的拖延行为了。

当我们出现拖延行为时，可以像下面这样记录。

◎ 我的拖延行为是：看《××攻略》；我的理由是：今天《××攻略》播出大结局，我必须要看。

◎ 我的拖延行为是：没去健身房；我的理由是：白天太累了，昨天已经做了运动，拖一天也没什么大不了。

我们在记录时，不必急着自我批评。要接受客观现状，并尝试做出改变，唯有敢于面对自己，才能敢于改变。

表 8-3 所示为拖延借口分析表，大家可以直接利用这个表格记录自己的拖延行为和借口。

在记录了拖延行为和对应的借口之后，想一想自己有没有下意识的行为，内心是否挣扎过，以及有没有出现某些生理反应。如果有，把它们记录在最后一列中对应的位置。

表8-3 拖延借口分析表

拖延行为	拖延借口	拖延征兆

续表

拖延行为	拖延借口	拖延征兆

8.3 对抗拖延：重掌人生主动权的超级公式

如果你有拖延症，并且希望摆脱它，请记住一个神奇的拖延症治愈公式，如图 8-2 所示。

$$改变的动力 = \frac{期望 \times 价值感}{冲动 \times 推迟}$$

图8-2 拖延症治愈公式

这个公式的提出者是研究拖延症的著名学者——加拿大心理学家皮尔斯·斯蒂尔。斯蒂尔综合了经济学和心理学的理论，从 801 项研究中总结出了导致拖延的最直接的四个原因，也就是公式中的四个元素：**期望、价值感、冲动和推迟**。

首先我们来看公式的分子部分：**期望 × 价值感**。

具体来说，你选择学习或不学习，一方面取决于你是否认为这次学习是有价值的，以及你认为可以从学习中得到多少快乐，也就是公式中的"价值感"；另一方面取决于你有多确定能从这次学习中获得快乐，也就是公式中的"期望"，它涉及你对自身能力的判断，对环境和未来的控制感，以及你设定的学习目标和你的能力、环境的匹配度。

例如，我个人特别喜欢读英文原版书，对我而言，读英文原版书会让我感到很快乐，同时读英文原版书在我的能力范围之内，是我能做得很好的事。因此对我而言，读英文原版书就是价值感和期望都很高的事，我做这件事就会很有动力。

相反，学校安排我去听一场物理讲座。我对物理没有兴趣，工作和学习中也不一定能用到物理知识，听物理讲座对我来说没有太大的价值；同时，我认为以自己的能力很难理解讲座的内容，因此听物理讲座这件事对我而言价值感和期望都很低，我很容易拖着不去听。

然后我们来看公式的分母部分：**冲动 × 推迟**。

这两个因素都和时间有关。心理学家在经过综合研究后发现，时间也是影响"行动力"的重要因素。这里的"冲动"指的是你有多容易因为各种各样的诱惑而分心，不能在一段时间内集中注意力高效地学习。"推迟"一方面和时间管理有关，另一方面指的是一个遥远而宏大的目标，在更具体的好处面前，我们更倾向于"推迟"这个宏大的目标，选择眼前的好处。公式中的"推迟"考量的是我们现在的状态和最终回报之间有多远。

还是以我读英文原版书为例，如果我正准备读书的时候，朋友请我去吃我最喜欢的烤羊腿，我可能就会有先吃烤羊腿的冲动；如果我想读的某本书很难买到，一般情况下我就会拖着不去找这本书。

综上所述，我们选择什么行为，是受我们对这个行为的期望、价值感及时间三个因素影响的，时间的影响又体现在冲动和推迟上。期望和价值感越高，冲动越小，推迟越少，我们越容易开始行动；反之，期望和价值感越低，冲动越大，推迟越多，我们就越容易拖延。

由此可以看出，克服拖延症其实就是提升我们改变自己、主动学习的动力。我们要从提升动力的几个关键因素下手，去克服拖延症。

8.4 提升期望：相信自己一定能做好

要克服拖延症，首先要做的就是提升期望。

要提升期望，就要弄清楚是什么在影响我们的期望。在公式中，期望是"对结果的确定性"，也就是当我们面对一项任务时，有多少把握能做好。我们越确信一件事会有好结果，就越有动力去做，越不会拖延。很多时候我们不去做某件事或不能全力以赴、全心全意地做某件事，是因为对结果没有把握，不相信自己能取得成功，对成功的恐惧在影响我们的期望。

"恐惧成功"看起来很反常识，怎么会有人害怕成功呢？心理学家对这一问题也有深入的研究。人会恐惧成功主要有两个原因：一个是人有自我妨碍机制，另一个是对成功有错误的认知。

自我妨碍机制其实是一种认知策略和自我保护。如果我们因为没有尽力而失败，那么失败之后我们就能找到一个借口，避免归因到个人能力上。例如，有些学生考前故意不复习，考砸后跟父母、老师说要是复习了一定能考好，这就是典型的自我妨碍。

而关于对成功的错误认知，很多人担心成功需要付出的代价会远远超出他们能承受的范围，于是干脆通过拖延降低对成功的期望。当你感受到考试带来的压力，开始拖延时，其实就是对成功有错误的认知。

那么，我们要如何消除对成功的恐惧呢？

对于自我妨碍机制和对成功的错误认知，我们需要调整心态，重新认识成功。

我们会通过拖延为成功设置障碍，提前准备好失败的借口，是因为怀着"固态心态"，即认为能力是不可变的，自己能做到的永远都能做到，做不到的永远都做不到。

如果你想改变，就要把关注点从结果转移到过程上，要有一种"成长心态",相信自己的能力是可以发展的,而不是根据某一次成败来定义的。

通过努力学习,你会逐渐变得更聪明、更优秀。从现在开始,不要把"学霸"定义为一个结果,而是定义为努力过程中能够及时追随的小目标。只要你是在学习,是在追逐自己的小目标,就可以暗示自己是很棒的。

每完成一次学习就是一次小成功,这就是我们能做出的改变。不要小看这一点,因为拖延症患者往往处于容易分心和被打断的状态,很难及时追随自己的目标,因此每当因为拖延而失败时,拖延症患者都会感到失望,很难认可自己的努力和提升。

我们要做的就是从"及时追随小目标"开始,不断给自己正向的鼓励,不断积累,渐渐就能变成人人羡慕的学霸。

我们的心态和对成功的认识,往往和他人对我们的评价挂钩。因此,我们一定要远离那些总是给我们负面评价的"朋友",否则我们的自信永远都不可能培养起来,也就永远无法相信自己可以成功。

[课后作业]

(1)设计若干个学习目标,每完成一个目标,就给自己一个小小的奖励,然后设计一个新的目标,依次循环。

学习目标:_____

奖励:_____

(2)将身边学霸的日常行为和自己的日常行为记录在表8-4中,并进行反思。

表8-4　日常行为对照

学霸的行为	自己的行为	反思

续表

学霸的行为	自己的行为	反思

8.5 价值感：价值重评与纳入

接下来我们要解决的是如何提升"价值感"。我们认为某项任务的价值感很低时，就会产生拖延行为。

面对一堆课堂作业、调研报告、社会实践，你就是不想动手；老师要求明天交阅读报告，你知道下午不做就来不及了，但还是拖到晚上才开始做；舍友催你打扫卫生，你本来想打扫，但是对方一催，你反而不想马上做了。

产生这类拖延行为的原因在于你不认同这项任务的价值，如果你不得不做，你就会通过拖延来对抗。这里涉及两个问题：一是你认为眼前的任务的价值感低；二是你不得不做，希望通过拖延获得控制感。我们可以从这两个问题入手来提升学习的价值感。

首先，我们可以重新审视任务，给学习赋予价值。

很多时候并不是学习的内容没有价值，而是我们没有看到它的价值。我们要做的是重新审视自己要学习的内容，放下对抗情绪，这个过程被称作"价值重评"。

请仔细想一想，我们学习的内容真的没有价值吗？其实很多时候，学习的价值是被枯燥的过程掩盖了。例如，很多人觉得毕业后只有买菜时会用到数学，学深奥的高数没什么用。但其实数学锻炼的是人的逻辑思维能力、演绎能力，对工作很有帮助。这样一想，学数学就很有价值了。

再如，李笑来曾经讲过自己的一段经历。当年他想进入新东方当英语老师，需要背2万多个单词。面对这件痛苦的事情，他在挣扎之余算了笔账——背了这些单词就能拿到年薪百万的工作，这样算起来，一个单词至少值50元。

这样一来，背单词就不再痛苦了，他给看似无聊的任务赋予了价值，于是他从每天背100个单词，拓展到每天背200个单词，最后成功获得了这份年薪百万的工作。这就是在为学习内容赋予价值的同时，不断给自己正向的激励。

其次，面对低价值感的事情，也就是那些"被迫做"的事情，我们还要学会"纳入"，获得掌控感。

我的大学宿舍中有位舍友总是不愿意打扫卫生，我们三催四请他才起身敷衍一下。后来我和他聊天，他说："其实不是我不想打扫卫生，有时我正要去扫地，被你们一催，我就不那么情愿了。"

其实，我的这位舍友只是想有一些掌控感，大家如果能少一点"委派"，多一些"邀请"，就能避免一些摩擦。而从这位舍友的角度出发，想让打扫卫生这件事变得开心一些，他要做的其实很简单，就是把打扫卫生这件事纳入自己的计划。"纳入"的过程就是夺回控制权的过程。

我们在被动学习的时候，也可以主动把被迫做的事纳入自己的计划。当我们的学习任务是由别人分配的时候，我们就会有一种被动接受的感觉；而一旦将学习纳入计划，它就成了我们自己的事，那么立刻完成这件事就不再是被动接受，而是按照自己的意愿行事。

那么，如何"纳入"呢？有一个小技巧可以很快地帮到你，你只需要将要完成的任务尽可能细致地描述一遍，描述的内容包括：

（1）"我"接下来要怎么做；

（2）"我"要做什么准备；

（3）"我"要找什么人。

比如，我的那位舍友可以这样描述：为了让宿舍保持干净整洁，我接下来要去打扫卫生，我要找到扫把和拖把，可以请另一个人拖地，我扫地，大家一起干活儿又快又好。

[**课后作业**]

列出你认为的学习中的低价值事项，并重新审视，为其赋予价值。

低价值事项 1：＿＿＿＿＿＿＿＿＿＿＿＿＿＿＿＿＿＿＿＿＿＿＿＿＿

赋予价值：＿＿＿＿＿＿＿＿＿＿＿＿＿＿＿＿＿＿＿＿＿＿＿＿＿＿＿

低价值事项 2：＿＿＿＿＿＿＿＿＿＿＿＿＿＿＿＿＿＿＿＿＿＿＿＿＿

赋予价值：＿＿＿＿＿＿＿＿＿＿＿＿＿＿＿＿＿＿＿＿＿＿＿＿＿＿＿

低价值事项 3：＿＿＿＿＿＿＿＿＿＿＿＿＿＿＿＿＿＿＿＿＿＿＿＿＿

赋予价值：＿＿＿＿＿＿＿＿＿＿＿＿＿＿＿＿＿＿＿＿＿＿＿＿＿＿＿

8.6 仪式感：以最快的速度进入工作状态

接下来分析"冲动"这个因素。"冲动"指的是你有多容易因为各种各样的诱惑而分心，不能在一段时间内集中注意力高效地做一件事。

例如，你本来想专心做一个汇报 PPT，但总有一些念头和事情冒出来，可能是时不时弹出的微信消息，可能是快递到了，可能是朋友叫你打球……

好不容易将其他事情都处理完了,重新做好准备要开始做PPT,结果到饭点了,该点外卖了……

心理学家把这种现象称作"分心拖延",即人们喜欢通过做其他事情来拖延核心任务。很多人学了大量自控和自我管理的技巧,却依旧无法抵御"拖延",因为他们不是自控力不够容易"分心",而是想通过拖延逃避痛苦。

从某种意义上讲,通过拖延逃避痛苦,是我们与生俱来的天性。我们的大脑中有两个小人,一个叫前额叶,另一个叫边缘系统,如图8-3所示。前额叶就像一个企业的CEO,擅长构建宏伟蓝图、长远目标,可以为了未来更好的回报而抵御眼前的诱惑。

边缘系统更像一个孩子,受控于本能的欲望、原始的冲动。边缘系统在我们的大脑中,比前额叶要根深蒂固得多,也更加难以撼动。这就是为什么当眼前的快乐和遥远的回报产生冲突时,我们更容易选择眼前的快乐。比如,在上面的例子中,你为什么会选择点外卖、打球,而不是做PPT呢?因为相比临近截止日期的PPT,点外卖、打球是眼前的快乐。

要解决这个问题,可以尝试用喜欢的东西来营造仪式感,诱导自己开始做正事。

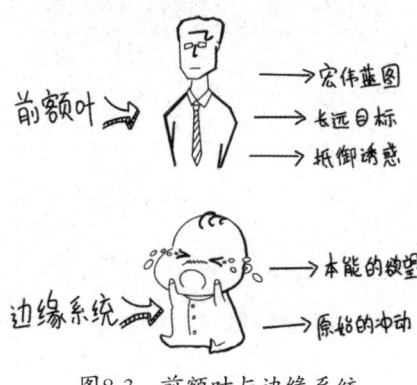

图8-3 前额叶与边缘系统

很多人在开始工作前一定要准备好自己喜欢的、称手的工具，如漂亮的本子、好用的笔、超大的电脑屏幕、手感好的机械键盘等。

这样做的背后有两个原因，一个原因是称手、专业的工具营造了一种工作的氛围感和仪式感，这些工具暗示我们"要开始工作了"。不要小看这个暗示，人的行为中有 95% 是无意识或下意识的反应，而在刻意的暗示下，我们能把这 95% 不受控制的注意力资源集中起来，让自己从普通状态切换到需要高度集中思考力、反应力、执行力的工作状态。

另一个原因是，用自己喜欢的东西进行诱导，能让边缘系统更容易接受工作状态，自然就更容易投入工作中。

喜欢的东西除了各种工具，还可以是学习环境，如做 PPT 时，去自己最喜欢的咖啡厅，抑或是在自己的书桌上放一株绿植。

[课后作业]

表 8-5 所示为学习仪式感设计表，在具体情境下，将自己喜欢的物品、环境、行为记录下来，这些都是能让你快速进入学习状态的触发点。

表8-5　学习仪式感设计表

具体情境	心仪的物品	喜欢的环境	舒适的行为

8.7　时间观念：让时间不再从指尖流逝

最后要分析的是"推迟"这个因素。

假设月底你有一个重要的考试，今天晚上你有两个选择，一个是抓紧时间复习，另一个是应多年未见的好友的邀约出去吃饭。很多人认为耽误一晚上没关系，而选择应约出去吃饭。如果把邀约改到考试前一天呢？恐怕选择出去吃饭的人就会少很多了。

影响我们选择的原因有两个，一个是未来折扣，另一个是计划谬误。**未来折扣是行为经济学中的一个概念，说的是未来的收益会因为距离现在的时间打折扣，距离的时间越长，打的折扣也就越大，我们就越容易觉得它不重要。**

用未来折扣解释推迟性拖延，就是哪怕这个任务很重要，但因为距离它的截止日期还比较远，我们很容易感受不到它的重要性；或者说，我们更容易优先做眼前的事情，哪怕它和其他任务相比没有那么重要。

心理学家研究发现，人们在安排任务的时候，容易出现计划谬误。计划谬误这个概念是由丹尼尔·卡内曼和阿莫斯·特沃斯基提出的，说的是人在面对自己的任务时，往往会低估完成任务所需要的时间。大部分人都倾向于乐观地看待自己能完成的任务，于是就容易对时间有错误的判断，总觉得未来还有时间，现在可以忙点别的。

比如你总觉得周末能利用的学习时间比平时更多，又如你也许对自己说过这样的话："这个月课程任务重，下个月有时间了再开始锻炼吧。"可是到了周末，到了下个月，时间依旧不够，那些想要做的事一件也没有开始。

那么，针对因为"推迟"而造成的拖延，我们应该怎么办呢？下面介绍两个方法。

第一个方法是设置更为紧迫的期限。我们已经知道了距离截止日期越远,我们就越容易拖延,那么我们就可以给自己设置更紧迫的期限。

例如,导师下周二才让交课程论文,但你这周正好没有其他更重要的任务,就可以给自己设置一个提前节点,如这周三先交给导师初稿,和导师进行一轮反馈修改。再如,期末考试在一个月之后,那么你可以将这一个月之内自己需要做什么、复习的每个节点在什么时间完成都拆分清楚。这样一来,可能一周之内你就有两三个需要完成和确认的复习小目标,促使你不拖延。

写出最近需要完成的一项学习任务:＿＿＿＿＿＿＿＿＿＿

预计完成时间:＿＿＿＿＿＿＿＿＿＿

设置提前节点:＿＿＿＿＿＿＿＿＿＿

记录效果:＿＿＿＿＿＿＿＿＿＿

第二个方法是练习对时间进行预估。要想安排好截止期限遥远的学习目标,需要做好两件事:一是重新认识未来的时间精力,二是了解学习中各个项目的耗时。

关于第一件事,大家可以写出未来一周的时间安排。以一个普通学生为例,未来一周中周一的时间安排如表 8-6 所示。

表8-6 时间安排表

日期	睡眠	三餐	学习	休闲	社交	其他
周一	8小时	2小时	7小时	5小时	1小时	1小时
周二						
周三						
周四						
周五						
周六						
周日						

大家可以根据表 8-6 所示的例子，结合自身实际情况，在表 8-7 中写出未来一周中周一和周五的时间安排，并分析差别。

表8-7　时间安排表

周一		周五	
项目	耗时	项目	耗时

关于第二件事，建议大家从今天开始，每天记录学习中各个项目的耗时，如写一项作业需要多长时间，写一篇论文需要多长时间，做一个科研项目需要多长时间……将它们记录在表 8-8 中。

表8-8　学习项目耗时记录表

项目	耗时

这样持续记录一个月,你对自己完成各个项目所需时间的把控就会比其他人好很多,再出现重要且紧急的任务时,你就能安排得游刃有余了。

关于"推迟"这个拖延因素,希望大家记住一句话:**不要等有时间以后才开始行动,开始行动之后自然会有很多时间。**

[**本章总结**]

人为什么会拖延?因为动力不足!影响动力的因素包括:期望、价值感、冲动和推迟,如图8-4所示。

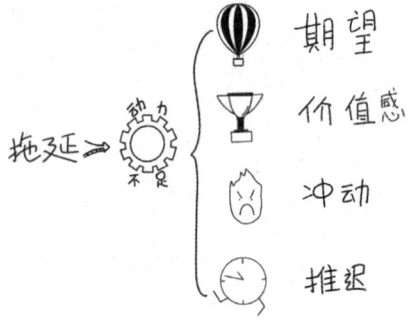

图8-4 影响动力的因素

第九章

时间管理

如何在相同的时间内学到更多知识

9.1 时间管理，从正确睡眠和休息开始

做好时间管理的前提是做好精力管理。本节将介绍如何正确睡眠和休息。

9.1.1 为什么明明想工作，身体就是动不了？

你有没有这样的经历：明天就要考试了，今天晚上想突击学习，结果晚上实在太累了，根本无法集中精力看书，记忆效果不及平时的十分之一。你始终处于煎熬状态，一直熬到凌晨准备睡觉，但是晚上学了什么一点儿都不记得，觉也没睡好。果不其然，第二天你考砸了。

只有正确睡眠和休息，才能高效地恢复精力。找到适合自己的学习、工作节奏，也是时间管理的前提。

你可能会想，睡眠、休息还分正确和错误吗？下面分享一个关于我同事大鹏的故事。

大鹏是做设计的，电脑常年开着绘图软件。刚认识大鹏的时候，我完全不觉得他有拖延症，因为什么事都是领导一吩咐下来，他就立刻开始做了。可是我渐渐发现，他的工作效率问题不小，虽然他很早就会开始做，但是往往一两个小时都没有进展。

我问他怎么回事，他说："我实在没状态，昨天晚上加班到半夜也没什么成果，就想着今天早点起来做。可是今天早起还是很累，怎么都进入不了状态。"再往下细问我才知道，原来大鹏已经持续疲劳作战很久了。前几次领导给的任务很重，大鹏只能熬夜完成。大鹏上进心强，想着后面的任务也不能耽误，于是熬夜之后就靠喝咖啡等提神饮料，强打着精神工作。可这些提神饮料一喝，晚上就睡不着了，于是第二天早起就没精神，他又继续喝咖啡……这样便进入了恶性循环。

大鹏也想过周末好好休息，把状态调整过来，于是周末一睡就是一整天。

可到了周一，不知道为什么，状态反而更差了。这样长时间下来，大鹏的拖延已经不是主观上的问题了，他是真的想赶紧工作，可身体不听使唤。

大鹏的情况就是典型的不会睡眠、不会休息，导致精力不够而造成拖延。相信你也有过这样的体验——明明很想工作，可身体就是动不起来。这种情况在工作压力大的人群中尤其常见。

不要盲目责怪自己没有毅力，事实上，"太疲劳"在拖延的各种原因中排名非常靠前。注意力资源是有限的，我们的体能和精力也是有限的。当你非常疲惫时，强迫自己完成各种学习、工作任务，自然会格外困难。

但是你一定也发现了，有这样一群人，他们在和大鹏同等或更高的工作强度下，好像每天都有用不完的精力，工作一点儿不少做，完成质量还非常高。这些人是怎么做到的呢？他们往往就是会睡觉、会休息的人，他们的精力恢复得比别人快，自然就更有能量去做事。

想要学会高效睡眠和休息，就要先了解睡眠和休息的秘密。

9.1.2 高效睡眠、休息的秘密

高效睡眠、休息的秘密有两个，一个是昼夜节律，另一个是睡眠类型。

1. 昼夜节律

昼夜节律是人体中的一个能够自我调节并适应外部环境的机制，它让我们的睡眠、激素分泌、体温、灵敏度、情绪等都呈现周期性的变化。我们可以把它简单理解为生物钟，它是人类进化过程中受白天黑夜变化的影响产生的生理节奏，以 24 小时为一个周期。

古文中的"日出而作，日落而息"，就体现了昼夜节律。我们在一天中不同的时间段会有不同的睡眠需求和睡眠效果。比如，有助于人体进入睡眠的褪黑素一般在晚上 9 点左右开始分泌，早上 7 点半左右停止分泌；体温降低有助于人体进入深度睡眠，我们在凌晨 2 点左右睡眠最深，凌晨

4点左右体温会降到最低。一般来说,晚上11点到早上7点是睡眠的最佳时间,这段时间中睡眠需求大,睡眠的效果也最好。

而白天在各种因素,如体温升高、褪黑素不分泌等的影响下,睡觉效果并不好,如图9-1所示。

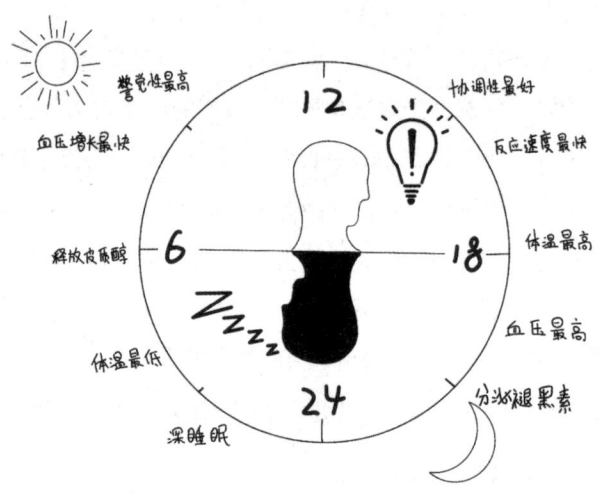

图9-1 昼夜节律示意图

前文的例子中的大鹏长期处于疲劳状态,就是因为违反了昼夜节律。晚上该睡觉的时候他经常熬夜,白天又靠咖啡提神,没有合理地休息。结果大鹏白天效率不高,晚上又需要继续熬夜,产生了恶性循环。甚至因为白天喝多了咖啡,大鹏晚上还会失眠、没有睡意。

像大鹏这样的情况,应该怎么调节呢?在本节的最后将会具体讲解,下面我们先看看关于睡眠的第二个秘密:睡眠类型。

2. 睡眠类型

昼夜节律体现的是人类一般的生理规律,其实,人和人的生理规律存在差异,这个差异是由基因决定的,主要体现在睡眠类型上。

简单来说,睡眠类型可以分为"早起鸟"和"夜猫子"。"早起鸟"

白天的工作效率更高，但晚上容易困倦，早早就需要上床休息。"夜猫子"则是早上起不来，白天很疲惫，晚上工作效率更高。

出现这样的差异是因为在远古时期恶劣的生存环境中，一个族群需要时刻有人保持清醒，才能保证族群的安全，于是有人晚上睡觉，白天负责守卫；有人白天睡觉，晚上负责守卫。这样一来，人类在进化过程中，睡眠时间就发生了分化。那些负责白天守卫族群的人渐渐变成了"早起鸟"，而负责晚上守卫族群的人就变成了"夜猫子"。

将普遍的昼夜节律和有个体差异的睡眠类型叠加的结果就很接近个人的节律了。具体来说，个人的节律会在昼夜节律的基础上，根据睡眠类型发生不同方向的偏移。每个人的睡眠类型不同，偏移的程度也不同。

例如，普遍的昼夜节律是晚上 11 点到早上 7 点适合睡眠，根据睡眠类型发生偏移后，可能对于一个"早起鸟"来说，睡眠需求最大的时间段是晚上 10 点到早上 6 点；而对于一个"夜猫子"来说，可能是凌晨 1 点到早上 9 点。

前文中提到，睡眠类型在很大程度上是由基因决定的，不太会因为外界因素发生改变。所以我们要学会调节外界因素，尽量适应自己的节奏，给最重要的学习项目、工作任务分配状态最佳的时间段，让效率最大化；同时，在睡眠需求最大、睡眠效果最好的时间段休息，让精力恢复到最佳状态。

对大鹏来说，他晚上加班到半夜，效率却不高，那么就需要反思自己是不是一个"早起鸟"，需要在晚上得到充分的休息，白天早起工作。而如果大鹏是"夜猫子"，他就应该允许自己在白天小憩，对工作节奏进行一些调整。

现在的工作时间趋于统一，我们该怎样在工作时间固定的情况下，让工作节奏适应自己的睡眠、休息节奏呢？

下面介绍两个好用的方法，一个是针对晚上如何睡得更好的"R90 睡眠法"；另一个是针对晚上没有睡好，白天该如何调整的"可控修复期"。

9.1.3 高效恢复精力的经典秘籍

秘籍一：R90 睡眠法

R90 睡眠法是由英超曼联队的御用运动睡眠教练尼克·利特尔黑尔斯提出的。在尼克的指导下，很多优秀的体育名将，如贝克汉姆，睡眠质量和工作效率都得到了很大提升。

R90 睡眠法说的是，虽然每个人需要的睡眠时间长短不同，入睡时间不同，但是高质量的睡眠需要以 90 分钟为一个周期。一般一个成年人每天需要睡 4~5 个周期，也就是 6~7.5 小时。

该方法的原理来自人类的睡眠周期。一个完整的睡眠周期分为 5 个阶段，分别是入睡期、浅睡期、熟睡期、深睡期和快速眼动期，完成这 5 个阶段的睡眠需要 90 分钟。其中，深睡期和人体的修复相关，快速眼动期和大脑的修复相关。

R90 睡眠法的精华在于，高质量睡眠的关键不在于时间的长短，而在于睡眠周期的质量，也就是保证 5 个睡眠阶段不被打断。如果你睡了很久，却正好在熟睡期被打断了，或者睡了一整个白天，打乱了昼夜节律，都会让你越睡越累。

那么，我们应该如何利用 R90 睡眠法呢？

首先，设定一个固定的起床时间。

你可以回忆一下前几个月的生活，根据个人情况和工作需求，选择一个必须起床且自己能做到的时间。这个时间可以根据你的睡眠类型进行调整，如果你是"夜猫子"，就不要把起床时间定得太早，但要保证你的起床时间距离你开始工作的时间至少有 90 分钟。

如果你早上 8 点半上班，那么最迟也要把固定起床时间定为 7 点。这 90 分钟时间能有效帮助你清醒过来，以饱满的状态进入工作。你可能会觉得早上预留 90 分钟太奢侈了，其实通勤时间也可以算在这 90 分钟里，此外你还可以做些运动，听听音乐，以唤醒工作状态。

然后，根据起床时间和睡眠周期的数量（1 个睡眠周期为 90 分钟）倒推入睡时间。

你可以先从睡 5 个睡眠周期（7.5 个小时）开始尝试，如你需要在早上 8 点起床，那么就要在晚上 12 点半准时睡觉。

当然，你不会一躺下就睡着。R90 睡眠法告诉我们，可以提前 90 分钟开始做入睡准备，如整理第二天上班要穿的衣服，做做家务，听听舒缓的音乐，或者把自己第二天要做的事或正在思考的事列一份清单。清空自己的想法也可以帮助你卸下负担，更快地进入睡眠状态。

R90 睡眠法根据一周的累计睡眠周期来衡量睡眠情况。每周有 28 个睡眠周期，说明睡眠状况良好；每周有 35 个睡眠周期，说明睡眠状况非常好。如果你很忙，某天只能睡一两个睡眠周期，也不用担心，只要能保证一周中的 4 天拥有 5 个周期的完美睡眠就可以了。

如果你试了一周，觉得 5 个周期的睡眠时间不够，可以增加到每晚睡 6 个周期；如果你觉得睡得太多，也可以减少到睡 4 个周期。重要的是，你要知道你可以掌控自己的睡眠，也可以通过调整睡眠掌控自己工作、生活的节奏。

秘籍二：可控修复期

利用好可控修复期，可以在白天给自己补充能量。我们设想一个比较极端的情况：某个周六晚上，你出去玩"嗨"了，到家已经凌晨 4 点，可你还是很兴奋，如果按照固定的起床时间 7 点半起来，你只能睡 2 个睡眠周期。这时你会怎么办？你会趁周末给自己放个假，白天睡上一整天，还是会坚持 7 点半起床？

这种情况下，我建议你还是 7 点半起床。那么如果白天实在没状态的话，还有办法补救吗？

其实这种情况就是前文中大鹏遇到的情况。**如果工作日熬夜，第二天上班没精力应该怎么调整；如果长期劳累，到了周末又应该怎么调整。**

熬夜的当晚最好还是按照 R90 睡眠法休息。你也许只能睡 3 个小时，即 2 个睡眠周期。不过没关系，第二天按时起床，然后白天用可控修复期进行调整即可。

可控修复期说的是，一天中除了晚上还有两个时间段睡眠冲动比较强。我们要抓住这两个时间段进行修整，以快速恢复精力。

这两个时间段一个是午后 1 点到 3 点，一个是傍晚 5 点到 7 点。如果你是"夜猫子"，那么你的可控修复期会稍晚一些；如果你是"早起鸟"，那么你的可控修复期会稍早一些。

在这两个时间段，你可以根据自己的情况，小睡 30 分钟或睡 1 个完整的周期，即 90 分钟。在这个时间段的睡眠可以计入一周的总睡眠周期。即使睡不着，闭上眼睛，放空一切，也会有不错的调节效果。

切记，不要像大鹏那样，累了就喝咖啡等提神饮料，而是要用白天的自然修复来恢复精力，不要轻易打乱自己的昼夜节律。

[**课后作业**]

（1）完成睡眠类型测试，看看你的睡眠类型是什么。

感兴趣的读者，可以在网上搜索慕尼黑大学的《睡眠类型测量表 (MEQ-SA)》进行自我测试。

（2）参考表 9-1，给自己设定一个固定的起床时间，并倒推出合理的入睡时间。将一周的睡眠情况记录在表 9-2 中。

表9-1　睡眠周期表

日期	起床时间	入睡时间	活动	睡眠周期
周一	7：00	24：00	晚上赶稿子	可控修复期： 夜间睡眠周期：2
周二	7：00	23：00	正常	可控修复期：1（午间30min） 夜间睡眠周期：4
周三	7：00	23：00	提前写完稿子	可控修复期： 夜间睡眠周期：5
周四	7：00	23：00	追热点	可控修复期：1（傍晚30min） 夜间睡眠周期：2
周五	7：00	24：00	追热点	可控修复期：2（午间30min+晚间30min） 夜间睡眠周期：3
周六	7：00	24：00	看综艺	可控修复期：1（傍晚90min） 夜间睡眠周期：4
周日	7：00	23：00	做家务	可控修复期：1（午间30min） 夜间睡眠周期：5

表9-2　个人睡眠记录表

日期	起床时间	入睡时间	活动	睡眠周期
周一				

续表

日期	起床时间	入睡时间	活动	睡眠周期
周二				
周三				
周四				
周五				
周六				
周日				

9.2 效率常识：高效任务拆解法

9.2.1 你的任务管理方法是否有问题？

很多人做事拖延、效率低、容易半途而废，其实是因为任务管理方法出了问题。下面我们看两个例子。

第一个例子是，我们的微信中有一些好友，他们立下减肥大志——不瘦30斤不换头像，但通常很难再看到他们换头像了。我身边也有这样的朋友，发誓要瘦30斤。她给了自己2个月的时间，拖了2天，坚持了4天的减肥生活，然后犒劳辛苦减肥的自己，休息了1天，接着进入了漫长的休整期、拖延期，直到最后放弃减肥。

第二个例子是，我的朋友燕子是一个幼教课的课程销售员，是个新手。公司针对"双11"推出课程优惠活动，她的目标是在一周内拓展100个新客户。她提前一个月就开始做准备，但是越准备越觉得这件事难做。刚开始她还积极地想办法，后来干脆就放弃了。于是在老板看来，燕子这一个月的工作是停滞不前的,最后在活动周报名的新客户只有 3 人。

这两个例子中有两个共同问题:

第一,任务目标太难,对于当事人而言几乎无法完成。无论是 2 个月瘦 30 斤,还是让一个新手销售员一周拓展 100 个新客户,都是不可能完成的任务;

第二,执行过程中整个任务的安排和进度管理是失控的,最后只能任其发展。

那么,如何进行任务管理才能不拖延、不放弃,最终完成任务呢?完整的任务管理流程可以分为三个部分:**计划、执行和复盘反馈**,如图 9-2 所示。

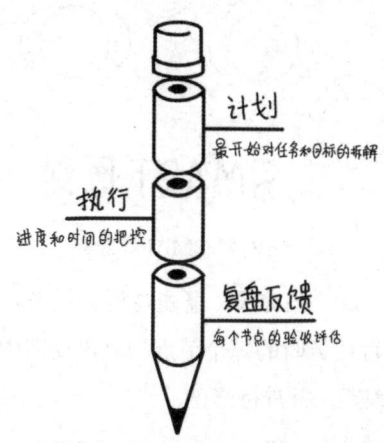

图9-2 完整的任务管理流程

"**计划**"指的是最开始对任务和目标的拆解。俗话说,"凡事预则立,不预则废",拥有合理的计划和可执行的任务拆解,是完成任务的前提。

"**执行**"指的是任务执行过程中的进度和时间把控。这与我们对工作量和耗时的判断直接相关。一旦安排好了进度,就要把控好每个环节基础的工作时间和工作量,确保任务执行的进度是可控的。

"复盘反馈"指的是在任务的每个节点的验收评估。很多人有计划，也执行了计划，但做的事往往不了了之，或者和初始目标相差很大，就是因为缺少执行标准和执行过程中的纠偏。

9.2.2 用 SMART 原则拆解任务

SMART 原则来自管理大师彼得·德鲁克，S-M-A-R-T 分别是 5 个英文单词的首字母，如图 9-3 所示。

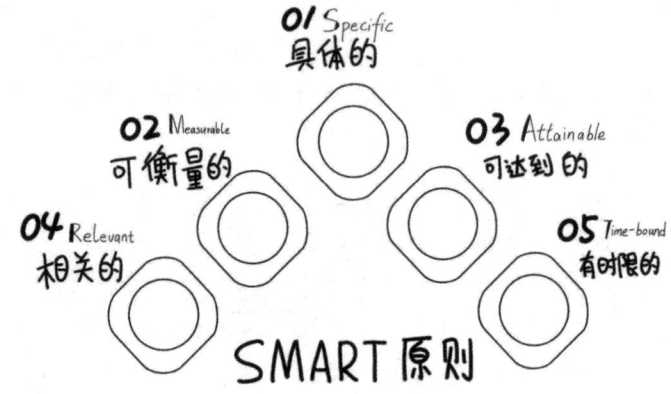

图 9-3　SMART 原则

SMART 原则就像一把标尺，既能在拆分任务目标时帮我们制订合理的计划，也能在执行任务时的每个节点的复盘反馈中，帮助我们衡量实际结果与最终目标的差距，并进行修正。

下面以"2 个月瘦 30 斤"为例，讲解如何用 SMART 原则拆解任务。

1. Specific（具体的）

我们在学习、工作、生活中面对的任务往往比较复杂、抽象，这就容易导致我们不知道该从何处入手。因此，在拆解任务时，要保证拆解出来的小目标是具体的。比如，你可能会觉得"2 个月瘦 30 斤"这个任务已经很具体了，但只要仔细想想就会发现，实际上你并不知道该从何处入手，这 2 个月的减肥时间该如何分配，如何才能科学可控地减肥？

我们可以把"2 个月瘦 30 斤"这个任务按时间段拆分，变成每个阶段瘦多少斤；或者把减肥这个笼统的任务拆解成饮食、运动、睡眠三个部分，再去设计每个部分的任务。

2. Measurable（可衡量的）

可衡量指的是拆解出的目标是可量化的、标准没有争议的，如一些可以用数字来衡量的标准就是没有争议的。对于"2 个月瘦 30 斤"这个任务，拆解出来的小目标要可衡量，就需要细化到：

（1）每天跑步 20 分钟；

（2）不吃高热量的食物，每周有一天可以例外；

（3）每天晚上 12 点前上床睡觉。

这样，我们才能客观地判断自己是否达到了目标，以及离目标还有多远。

3. Attainable（可达到的）

可达到指的是制定的任务目标要能够做到，不能不切实际。比如，2 个月瘦 30 斤，平均每周要瘦 3~4 斤，这对普通人来说是很难做到的。由小目标无法达到倒推回去，就会发现最开始设定的任务也需要进行相应的调整。

4. Relevant（相关的）

相关指的是拆解出的小目标要紧扣最终任务，不要拆解出无关任务。

5. Time-bound（有时限的）

没有截止日期，我们的计划就容易被拖延。比如，2 个月要瘦 30 斤，那么在各个时间节点应该达到什么样的效果，我们都应该做到心里有数。

我们经常会在任务管理最开始的阶段忽略时间期限。每个时间节点其实都是推动任务完成的关键，而避免拖延的核心就是有时间概念，克服拖延症是我们和时间的博弈。

9.2.3 如何利用 SMART 原则执行任务？

为了让大家更好地了解如何在工作、生活中运用 SMART 原则执行任务，下面结合我自己的减肥经历进行讲解。

我之前的体重是 170 斤，目标是减掉 20 斤。我最开始设定的期限是 2 个月，平均每个月要瘦 10 斤，每周要瘦 2.5 斤，这个目标有一定难度。于是我把目标调整为 3 个月瘦 20 斤，平均每个月要瘦 6 斤多一点。

大目标和每个月具体的减肥任务定下来了，但我还是不知道该怎么执行。于是我继续拆解任务，把减肥任务拆解成运动、饮食、睡眠三个部分。

运动方面，我要求自己周一到周五每天早上 7 点到 8 点去楼下打篮球。这样运动方面的小目标就变得具体、可衡量了。

饮食方面，我没时间做饭，也不想强迫自己吃减肥餐，还是选择了去公司楼下的餐厅吃饭，但是我把平时喝的高糖饮料都戒掉了，而且不吃高热量食物。同时为了预防自己因为抵抗不住美食的诱惑，减肥到一定阶段暴饮暴食，我每周允许自己有一天不忌嘴的高热量日。这样，饮食方面的小目标同样是具体、可衡量的。

睡眠方面，为了能早睡早起，我会定一个闹钟，每天晚上 10 点半提醒自己该睡觉了，基本在第二天早上 6 点左右我会自然醒，这样就保证了 7.5 个小时的睡眠时间。

就在这样不太苛刻又具体的计划中，我成功在 3 个月内瘦了 20 斤。

9.2.4 如何用 SMART 原则进行事后复盘？

任务管理流程中用 SMART 原则拆解任务后，在实际执行过程中还是可能会出现一些意想不到的问题，使得结果不够理想。这时就需要在每个任务节点完成后进行复盘反馈，问问自己：

◎ 做了哪些事？

◎ 达到预期目标了吗？

◎ 差距还有多少？

◎ 为什么没有完成任务？

◎ 遇到了什么问题？

◎ 这个问题自己可以解决吗？

◎ 不能自己解决的话，应该向谁求助？

◎ 下一步应该怎么做？

如果你能进行这样的复盘，就已经非常优秀了。但这样的复盘往往缺少纠偏和执行标准，而 SMART 原则提供了一套衡量的标准。根据 S-M-A-R-T 这五项标准，我们可以从以下五个方面进行复盘：

第一，拆分的任务是否太过模棱两可，难以落实；

第二，拆分的任务是否无法量化衡量，让人难以看到效果；

第三，拆分的任务是否太过远大，让人望而生畏；

第四，制订的计划是否与目标相关；

第五，是否给每项任务设定了合理的期限，让人有动力在规定的期限内按进度完成任务。

经过这样的复盘反馈，相信你能在任务管理过程中有效提升行动效果、少走弯路、快速纠偏。

[**课后作业**]

请大家根据表 9-3 的示例，将自己的实际情况填写在表 9-4 中。

表9-3 SMART任务拆解示例

	初始任务	根据SMART原则调整后的任务	拆解任务	根据SMART原则调整后的拆解任务
填写示例	减肥	3个月内减重20斤	(1) 加强锻炼； (2) 每天不吃晚饭； (3) 早睡早起	(1) 运动：周一到周五起床后下楼打篮球1个小时； (2) 饮食：戒掉高糖饮料，不吃高热量食物； (3) 睡眠：晚上10点半准时睡觉，第二天早上6点起床，保证7.5个小时的睡眠时间

表9-4 SMART任务拆解

	初始任务	根据SMART原则调整后的任务	拆解任务	根据SMART原则调整后的拆解任务
任务1				

续表

	初始任务	根据SMART原则调整后的任务	拆解任务	根据SMART原则调整后的拆解任务
任务2				
任务3				

9.3 排优先级：每天多出30%的可支配时间

9.3.1 越忙越低效，是因为你花错了时间

你是否有这样的感受：每天好像都特别忙、特别努力，可是一天下来又好像一件重要的事都没做。如果你有这样的感受，那么你可能和我的同事小忙一样，陷入了因为时间管理不善而产生的拖延怪圈。

小忙好像永远都在忙，全公司都知道他每天都在加班，一直忙到深夜。按理说，小忙这么努力，是不是应该升职加薪？但恰恰相反，当时人事部的同事私下询问我的意见，是否要辞退小忙。

虽然小忙很忙，但他的业绩却是公司倒数第一。我有意观察了一下小忙的工作状态，发现他每天花在重要工作上的时间其实非常有限，他的大部分时间都花在了琐事上。他的确看上去很忙，只不过一直忙于处理一些看似紧急的事，忽略了对重要事件的时间安排。

小忙陷入了一个误区，就是在"紧急但不重要"的事情上花费了太多时间，这也是很多忙而低效的人群的问题。

9.3.2 艾森豪威尔矩阵

艾森豪威尔矩阵能够帮助我们高效地统筹时间，合理地安排手上的工作、学习任务。

艾森豪威尔是美国第 34 任总统，也是著名的时间管理大师。如果你经常看美剧，就会发现总统们忙得恨不得飞起来。艾森豪威尔也是如此，于是他发明了一个时间管理工具，从而更高效地安排自己的工作和生活。他的时间管理工具就是在纸上画一个十字，把纸面分为四个象限，横向表示紧急性，纵向表示重要性。这样手上的任务就可以按照紧急性和重要性分成四类，分别放进四个象限中。

具体来说，就是把任务分成重要且紧急的、重要但不紧急的、紧急但不重要的及不重要且不紧急的，如图 9-4 所示。

第一象限中是重要且紧急的任务，是那些对我们来说很重要，而且有明确完成期限的事，如准备明天的会议发言稿，软件临上线发现系统中存在 BUG 需要紧急修复等。对于这个象限中的任务，我们必须马上动手去完成。

第九章 时间管理 如何在相同的时间内学到更多知识

图9-4 艾森豪威尔矩阵

第二象限中是重要但不紧急的任务，是那些对我们来说很重要，但没有明确完成期限或完成期限距离现在比较远的事，如学习英语等技能，读一本等。这个象限中的任务由于不紧急，容易被我们拖延，直到它们变成"重要且紧急"的事。比如，某项目因为我们没有及时跟进导致延误；平时没有学习，考试前不得不临时抱佛脚。**时间管理中最重要的其实是尽量把时间花在第二象限中的任务上，也就是那些重要但不紧急的任务。**

第三象限中是紧急但不重要的任务，是那些对我们来说不那么重要，但是又要马上做的事。例如，前文中提到的小忙，每天忙于接待来公司参观的访客，帮助同事设计表格，在财务截止日期前跟踪发票报销，参加各种会议、论坛、活动……这些事情就是让小忙每天都特别忙碌，可一天下来又好像什么重要的事都没做的罪魁祸首。

针对这样的任务，我们要做的是尽量少花时间，或者将它们集中到一个时间段来处理。对于可去可不去又占用时间的活动，我们要坚定地放弃。记住，正是因为做多了第三象限中的琐事，我们才没有时间去做第一象限和第二象限中真正应该做的事。

第四象限中是不重要且不紧急的任务，是那些无关紧要、完全可以不做的事情，如看一部 70 集的电视剧，去一家新开的餐厅吃饭，把游戏打上最高段位等。

通过把任务按照紧急性和重要性分类，我们可以非常清楚地知道哪些任务优先级较高，应该怎样安排时间。因此，艾森豪威尔矩阵又被称为时间管理优先矩阵，其核心作用就是帮助我们安排好学习、工作、生活中事情的主次，选出应该优先做的事情，从而合理分配时间。

小结：重要且紧急的事情马上做，重要但不紧急的事情安排进日程有计划地做，紧急但不重要的事情少做或交给别人做，不重要且不紧急的事情尽量不做，如图 9-5 所示。

图9-5　时间管理优先矩阵

9.3.3　重塑你的艾森豪威尔矩阵

有时，我们知道面对不同重要性和紧急性的事情应该怎样安排时间，但是真正当各种事情袭来时还是无从下手。

接下来我将帮助大家重塑艾森豪威尔矩阵，把工作任务和时间安排调整到理想状态。

使要做的事情尽可能都分布在"重要但不紧急"这个象限中，就是最理想的矩阵。

如果一个人的任务都是重要且紧急的，他每天就会被各种截止日期追赶，处理许多事情只能草草了事。如果一个人的任务都是紧急但不重要的，他就会整天忙得脚不沾地，但实际上什么也没做成。如果一个人只有不重要且不紧急的任务，他可能每天都无所事事。而如果一个人的任务大多是重要但不紧急的，则意味着他既有明确的目标，又有合理的规划。那么我们应该怎样改造自己的矩阵，使其中只剩下"重要但不紧急"的任务呢？只需要以下两步：

（1）划掉"不重要"的两个象限，即舍弃不重要的事；

（2）减少紧急任务。

第一步——舍弃不重要的事。无论是否紧急，不重要的事都是占用我们时间和注意力资源的事。下面介绍两个舍弃不重要的事的方法。

第一个方法是"一天只做最重要的三件事"。如果你觉得自己每天有很多事情要做，不知道应该如何取舍，可以把它们列一个清单，然后从中挑出最重要的三件事，按优先级排序，并依次去做。当然，在这个过程中，你可以穿插处理一些紧急和必须完成的事，但是做好最重要的三件事就是你当天的目标。

如果你顺利完成了这三件事，那么你可以继续做清单中剩下的事情中最重要的。第二天再列一个清单，还是完成清单中最重要的三件事。这样你就能保证自己每天都完成了重要的事，而那些被你列在清单中最下方的事，如果一周之后还没有被你安排为最重要的三件事，就说明它们可能是应该被舍弃的不重要的事，不做也不要紧。

第二个方法是"拒绝他人不合理的要求"。在舍弃不重要的事的过程中，我们很难回避拒绝他人。很多人认为，别人请我们帮忙，这件事本身就是重要的事。但统计表明，我们每天平均有2.1个小时被浪费在了无效社交上。学会拒绝他人不合理的要求，我们才能做一个会判断轻重缓急、活得清醒的人。

如果你总是无法拒绝他人，可以从以下三个角度判断：

（1）这个人对你是否重要；

（2）这件事对他是否重要；

（3）你能不能做好。

这三个问题中至少要有一个答案是肯定的，这件事才值得你去做，否则，就要坚定地拒绝。比如，那些自己犯懒却以不懂、不会、没时间为借口找你帮忙的同学、同事，那些因为你擅长某个技能就拜托你免费帮忙的朋友，你都可以拒绝。不要让这些事占据你的时间，成为你拖延重要的事的借口。

第二步——减少紧急任务。我们可以利用SMART原则减少紧急任务，将任务拆解为小目标后，分别为它们设置截止期限，并按进度完成它们，最后我们面对的就不会是一堆火烧眉毛的任务，甚至还可以给自己留出充足的时间来应对突发状况。

[课后作业]

（1）根据本节内容，参照表9-5中的示例，制作本周的艾森豪威尔矩阵，填入表9-6中。

表9-5　4项任务清单示例

类别	事业	个人
重要但不紧急：核心 从任务不紧急时就要开始积累在其中投入的时间	增加不可替代性： 关注新技术、新领域 学习新知识、新技能 规划职业道路和晋升目标	养成良好的生活习惯： 坚持锻炼，坚持爱好 保持良好的作息 每天读书、学习

续表

类别	事业	个人
重要且紧急：优先 优先处理，尽量减少 对于难以预料的事要做好预案	写热点事件稿子 处理突发状况 软件临近上线发现系统BUG需要紧急修复	生病或身体不适 生活中的突发状况
紧急但不重要：辅助 必须做的琐事 外包或累积起来分批处理	帮同事填报表 报销 查看财务数据	缴纳生活费 做家务 买生活用品
不重要且不紧急：可有可无的事 减少在其中投入的时间或重新利用时间	与自己无关的工作会议 冗长低效的讨论 疲劳且无成效的加班	消遣娱乐 漫无目的地购物 肤浅社交

注：事情的重要性因人而异，若你更重视家庭关系、个人爱好或其他，可以根据自己的需求调整清单。

表9-6　4项任务清单个人练习

类别	事业	个人
重要但不紧急：核心 从任务不紧急时就要开始积累 在其中投入的时间		
重要且紧急：优先 优先处理，尽量减少 对于难以预料的事要做好预案		
紧急但不重要：辅助 必须做的琐事 外包或累积起来分批处理		
不重要且不紧急：可有可无事 减少在其中投入的时间或重新利用时间		

（2）在表9-7中列出每天需要做的所有事，并筛选出最重要的三件事，按优先级完成。

表9-7 时间管理训练表

最重要的3件事		周一	周二	周三	周四	周五	周六	周日
最重要的3件事	1							
	2							
	3							
需要做的所有事	1							
	2							
	3							
	4							
	5							
	6							
需要做的所有事	7							
	8							
	9							
	10							

9.4 非计划日程：让你的计划不再只是计划

9.4.1 你的日程表为什么难以执行？

说到日程表，你可能更熟悉这样的安排：早上 6：30 起床，洗漱后吃早饭，7：10 送孩子上学，8：30 到公司，开始一天的工作。

在列日程表时，我们总是恨不得把全天安排得满满当当，这样安排日程的结果是，我们很快就会发现日程表根本无法执行，因为只要一个任务没在时间点上，后面的计划就会被打乱。比如，你计划上午 9：00—10：00 写一份策划方案，可是临时有一个紧急会议需要开；又如，你希望晚上 6：30—7：00 是全家人一起吃晚饭的时间，可是你并不能控制家人的作息时间。

很多制定过日程表的人最后都放弃了，就是因为总是无法完成计划。他们往往经历了这样的心理变化：制定的日程表总是完成不了，慢慢开始回避；次数多了，开始因为执行不了计划而对自己感到失望，于是干脆再也不做计划了。但是不做计划，每天的生活又开始变得混乱、没有章法，总有事情会被拖延。

"完美"的日程表本来就很难执行，你越是想把握好每一分每一秒，将日程安排得越严丝合缝，就越适得其反。事实上，对于满满当当的日程表，你能完成一半就已经很不容易了。

9.4.2 计划不管用，你要学会列"非计划"

计划的日程表没有想象的那么好用，不做计划生活又会浑浑噩噩，我们应该怎么办呢？心理学家尼尔·费奥提出了"非计划"的概念，他认为，我们应该列的是"非计划日程表"，它能够很好地帮我们解决计划好的日程中难以执行的问题。

尼尔·费奥在做心理咨询时发现，很多客户都因为无法执行自己制定的日程表，而被失望、失落的负面情绪困扰。于是尼尔·费奥在追踪了他们难以完成日程表的原因后，发明了"非计划日程表"。

非计划日程表是一张以周为单位的日程表。以周为单位的好处是，我们的时间安排会更全面、更有整体性。非计划日程表和计划日程表的制作过程不同，一共分为三步。

第一步——把一周中确定要做的事情列出来，然后填在表中每个工作日对应的位置。比如，周一上午10:00是每周固定的例会时间，就在表中找到周一上午的位置，写上10:00例会；再如，周二下午约了客户在公司谈项目，周五晚上7:00要开家长会，就在表中周二下午、周五晚上对应的位置分别写上。

这样，一周的日程表上已经确定会被占用的时间就都被标出来了，同时也让可支配的时间突显了出来。

第二步——查看日程表，表中没被填上的位置对应的时间就是你本周可以支配的所有时间。现在我们要做的不是继续在表中填写任务，而是先利用这些可以支配的时间去做能够帮助我们完成目标的事，即艾森豪威尔矩阵中的重要的事。

在完成这些重要的事之后，再在日程表上把做这些事对应的时间标注出来。

讲到这里你可能发现了，非计划日程表和普通日程表相比，至少有以下两点不同。

一是普通日程表中填写的是我们期待完成的目标，不一定可以执行。而非计划日程表中填写的是所有我们确定自己肯定要做的事，一定得执行。

二是普通日程表是先写日程再做事，做不做不一定。而"非计划日程表"是先确定了必须要做的事之后，再根据可支配的时间填写日程表，也就是说，这是一张逐渐被填满的表。

第三步——填完非计划日程表之后，还可以用它来回顾和评估。因为这张表上都是我们做过的事情，我们能更好地了解自己是怎么安排时间的，如我们的娱乐时间和学习时间的比例是怎样的，我们对工作和生活的安排是否平衡。我们还可以看看自己的日程安排可以如何优化。

图 9-6 所示为一张已填完的非计划日程表。

时间	周一	周二	周三	周四	周五	周六	周日
6:00am			洗漱、吃早饭			睡觉	睡觉
7:00am							洗漱、吃早饭
8:00am			通勤			洗漱、吃早饭	
9:00am			收发邮件				去超市采购
10:00am	周例会	项目A研发	项目A研发	项目C物料清单	项目B会议		
11:00am							
12:00pm			甲方会议			看电影	
1:00pm			午休				
2:00pm	项目C企划	沟通	沟通		甲方会议		约朋友
3:00pm		项目B对接	项目B跟进	项目A会议		大扫除	
4:00pm					周总结		
5:00pm							看球赛
6:00pm			晚饭				
7:00pm			通勤				
8:00pm	锻炼	看电视剧	打扫卫生		运动		
9:00pm					看综艺	看综艺	
10:00pm			准备午饭				准备午饭
11:00pm							
12:00am			睡觉				

图9-6 非计划日程表

9.4.3 非计划日程表的应用

本小节将讲解非计划日程表的具体应用方法。

我有个学生叫小玉，高二的时候成绩一直没有起色。她妈妈非常着急，找到我后第一件事就是拿出一沓计划日程表。她说："黄老师，为了帮我家闺女读书，我可是拼了老命了。这些日程表是我综合了很多学霸的日程安排经验写的，现在我辞了职，每天督促我家闺女按照表上的计划学习，您帮忙提提意见，看要不要再加点什么。"

我一看，其中有一页是小玉周六的计划日程表，如表 9-8 所示。

表9-8　小玉周六的计划日程表

时间	周六
12: 00am—7: 00am	睡觉
7: 00am—8: 00am	起床，洗漱
8: 00am—11: 00am	物理作业
11: 00am—2: 00pm	休息
2: 00pm—5: 00pm	数学作业
5: 00pm—7: 00pm	休息
7: 00pm—10: 00pm	英语作业
10: 00pm—11: 00pm	复习错题
11: 00pm—12: 00am	睡觉

小玉周六的计划日程表就是典型的难以执行的计划日程表。

跟小玉交流后，我发现这份日程表她果然执行得非常糟糕。她说，其实从有计划日程表开始，她就从来没有完整地执行过一次。不是她不努力，而是这份日程表执行起来太难了。因为没办法执行这份"学霸"日程表，小玉还对自己产生了怀疑，觉得自己可能一辈子也达不到妈妈的期望。而随着妈妈的不断督促，小玉不但成绩越来越差，精神状态也越来越差。

大家或许也制订过类似的"学霸"日程表，看起来把自己的一天安排得明明白白，可其实无法执行。因为**按照这种方式制订的计划和我们的能力不匹配。这样的日程表太满、太"死"了。将做每一件事的时间固定，会让计划变得非常死板。但凡有一点松懈或有突发状况，后续计划就会像多米诺骨牌一样被打乱。**

我给小玉和她妈妈提的第一个建议就是立刻放弃这份计划日程表，开始用非计划日程表。小玉的成绩很快就有了提升，人也变得开朗、自信起来。

我是这样帮助小玉把学习计划调整为非计划日程表的。

第一步，根据小玉自身的情况，分析哪些事是每周必须做的，其中包括必要的休息、复习不同科目必须占用的时间等。

以小玉周六的日程为例。周六小玉一定要睡 8 个小时，必须完成数学、物理和英语作业。除了必须做的，小玉还希望跑步 45 分钟左右，复习物理和数学近两次考试的错题，最好还能写完语文作文的框架。

首先需要把必须要做的睡眠、完成作业的时间安排好。反映到日程表上，小玉把写物理作业、数学作业、英语作业的时间分别规划到了上午 08：00—10：30、下午 2：00—5：00 和晚上 7：00—10：00。小玉觉得复习考试错题也很有必要，需要占用一个小时，而且在睡前进行最理想，于是把复习考试错题安排在了晚上 10：00—11：00。其他时间就是小玉的可支配时间。

到这里，小玉填写非计划日程表的第一步就完成了，如表 9-9 所示。

表9-9 小玉完成第一步后的非计划日程表

时间	周六
12：00am—7：00am	睡觉
7：00am—8：00am	
8：00am—10：30am	物理作业
10：30am—2：00pm	
2：00pm—5：00pm	数学作业
5：00pm—7：00pm	
7：00pm—10：00pm	英语作业
10：00pm—11：00pm	复习错题
11：00pm—12：00am	睡觉

接下来是填写非计划日程表的第二步,即根据实际情况,在日程表中表示空余时间段的位置填写做了的事。

当天发生了一些表上没有标注的突发状况,一是小玉没有听到闹钟,晚起了约半个小时,她自己意识到了这个问题,于是将午睡时间缩短,以保证完成物理作业;二是小玉的爸爸买了大闸蟹,吃螃蟹特别耗时间。

虽然小玉午吃午饭花费了一个半小时,但心情放松了,下午的状态特别好,数学作业提前完成,空下来的时间小玉安排了跑步。

到了晚上,小玉突然有了灵感,列出了第二天要写的语文作文大纲。剩下的时间小玉留给了英语作业和错题复习。最终,小玉的日程表如图9-7所示。

小玉除了完成了必须要完成的数学、物理、英语作业和错题复习,还额外完成了写语文作文大纲、跑步,而且并不觉得劳累,甚至心情十分舒畅。

每周非计划日程表	
时间	周六
12:00am—7:00am	睡觉
7:00am—8:00am	睡觉　　　　洗漱、吃饭
8:00am—9:00am	洗漱、吃饭　　看漫画
9:00am—11:00am	物理作业
11:00am—12:00pm	物理作业　　　吃饭
12:00pm—1:00pm	吃饭
1:00pm—2:00pm	午睡
2:00pm—4:00pm	数学作业
4:00pm—5:00pm	跑步
5:00pm—6:00pm	吃饭
6:00pm—7:00pm	语文作文大纲
7:00pm—10:00pm	英语作业
10:00pm—11:00pm	错题复习
11:00pm—12:00am	睡觉

图9-7 小玉最终的非计划日程表

在此基础上,小玉还做了第三步——填完非计划日程表之后进行反思。她发现在早上最宝贵的时间,自己竟然花了半个小时看漫画,还不如多睡一会儿，或者用来学习，希望下次可以调整。整体来讲，小玉对自己这一天的学习成果和效率比较满意。

9.4.4 划重点：非计划日程表这样用

本小节将带大家复习非计划日程表在具体使用过程中需要注意的关键点。

首先，我们要把接下来一周内必须要做的事都列出来，不要有任何遗漏。

需要注意的是，不要写出所有想做的事，而是要写出确定会占用时间的事，如周一上午 10：00—11：30 为部门例会。如果不确定某件事会发生在什么时候，但是肯定会做，可以估计一下做这件事大概要花多少时间，然后标记在要做这件事的那一天，如周日去超市买菜，预计花费一小时。

不要只标记工作和学习方面的事项，还要标记已经安排好的休闲活动时间，或者买菜做饭时间、睡眠时间等，这样才能让日程表上留出的可支配时间更合理。

其次，优先用可支配时间去做能够帮助我们完成目标的事。每做一件事，就在日程表的相应位置标记出来。

给大家一个小建议，就是可以把时间分成不同的小块，用不同颜色的笔涂时间块。比如，做某事用了一个小时，就涂掉一整块，只用了半个小时，就涂掉半块。通过不同的色块，我们可以直观感受到自己的进步，让自己更有成就感。这个方法能很好地提升我们对时间的判断力。

最后，对照填好的非计划日程表，回顾自己的时间安排，看看存在什么问题，分析如何进行优化。

注意，填写完非计划日程表后一定要想想应该如何改进。如果每天追剧的时间太长了，就缩短一些时间；如果根本没有时间娱乐，可以给自己减轻一些负担。这才是非计划日程表高效和人性化的地方。

[课后作业]

图 9-8 为每周非计划日程表示例,请大家参照示例,结合自己的实际情况,设计下周的非计划日程表,并填在表 9-10 中。

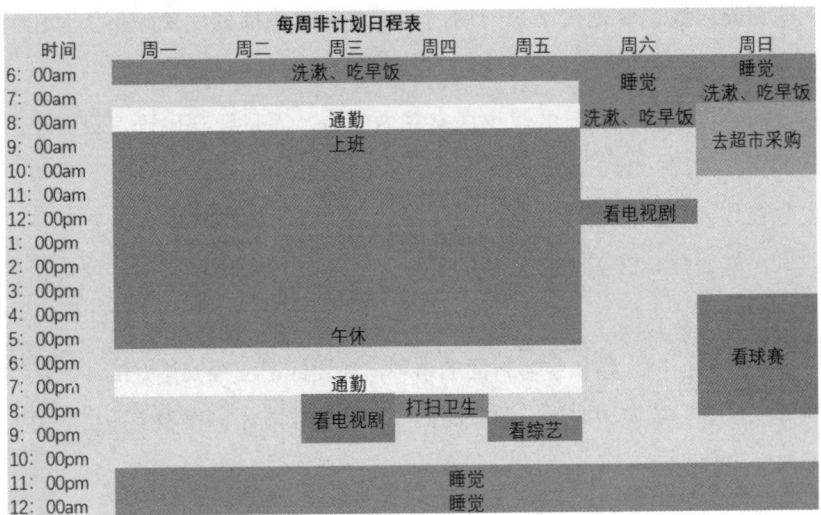

图9-8 每周非计划日程表

表9-10 每周非计划日程表

时间	周一	周二	周三	周四	周五	周六	周日
6:00 am							
7:00 am							
8:00 am							
9:00 am							

续表

时间	周一	周二	周三	周四	周五	周六	周日
10:00 am							
11:00 am							
12:00 pm							
1:00 pm							
2:00 pm							
3:00 pm							
4:00 pm							
5:00 pm							
6:00 pm							
7:00 pm							
8:00 pm							
9:00 pm							
10:00 pm							
11:00 pm							
12:00 am							

本章总结

◎ 恢复精力

◎ 提升效率

◎ SMART原则

◎ 艾森豪威尔矩阵

恢复精力

1. R90 睡眠法

2. 用好可控修复期

提升效率

1. 任务管理用 **SMART** 原则

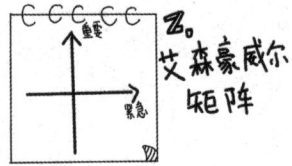
2. 艾森豪威尔矩阵

第十章

学习工具

提升学习效率的超级工具

10.1 不错过每分钟的成长：碎片化学习工具推荐

对于当代人来说，忙碌的生活让每一天的时间都被切割成了很多块，常常不知不觉一天就过去了，明明感觉自己非常忙碌，但又觉得好像什么事都没做成，这是为什么呢？因为我们没有充分利用碎片化时间。

碎片化时间简单来说就是两件事中间的缝隙时间，如上班路上的时间，在餐厅排队的时间等。一般来说，碎片化时间都比较短，或者不具备专注学习的条件，我们没办法在这些时间里系统地看一本书，也没办法在电脑上码字。但这并不意味着碎片化时间不重要，相反，它可能是我们"弯道超车"的机会。因为在这些时间里，我们可以进行碎片化学习。

碎片化学习的核心原则是选择耗时较短的学习内容。下面推荐一些适合碎片化学习的内容与工具。

（1）时长较短的课程，如 TED 演讲或单集时长较短的音频课程。这些内容在整块时间里学反而性价比不高。你可以下载 TED、慕课、一席等 APP，也可以在喜马拉雅、小鹅通、看理想、得到等知识付费平台选择单集时长较短的课程收听。

（2）信息摄入类的独立文章，如有价值的新闻、人物采访、短篇小说，一般阅读一篇文章用时为 5~20 分钟。文章来源尽量不要选择微博、小红书等社交类平台，因为浏览这些平台中的内容时很容易被一些无关信息吸引。你可以平时留心收藏一些高质量公众号推文，或直接打开财新、三联等新闻 APP，抑或是通过微信读书、蜗牛读书等电子书平台看一些短篇小说。

（3）不需要系统学习的内容，如单词、听力等。这类知识的单位很小，一般是一个单词或一段对话，随时可以开始或结束学习。

总体来说，碎片化学习的重点是选择一些耗时较短，也不需要过多设备和条件支持的学习内容，这些内容本身比较独立，不需要复杂的上下文信息,也不会占据我们过多的注意力。

[课后作业]

结合自身学习、工作情况,筛选出合适的碎片化学习工具及学习内容,填在表10-1中。

表10-1 碎片化学习工具和内容

碎片化学习工具	学习内容

10.2 吃得下睡得着才学得进去:生活作息相关工具推荐

随着社会节奏加快,我们每天要做的事情越来越多,甚至要不断抬高自己可负荷的上限。很多人经常一忙起来就忘记吃饭,或者一边吃饭,一边聊天、看视频、回复消息;甚至有些人认为睡觉很浪费时间,或者经常感到焦虑、压抑、兴奋,于是疯狂熬夜。这些都是非常不健康的行为。

在这个快节奏的时代,保证自己的生活作息规律,是保证自己每天有充足精力的必要前提,其中一日三餐、按时休息是最为基础和核心的部分。

那么,如何督促自己按时吃饭、休息呢?

首先,我们要如实记录自己最近一周的作息情况,如什么时间吃早、午、晚饭，什么时间准备入睡，什么时间起床等。同时我们可以记录一些自己的生理习惯，如食困、下午喝咖啡晚上容易失眠等。将相关内容记录在表10-2 中。

表10-2　每周作息时间表

事项	周一	周二	周三	周四	周五	周六	周日
早饭	7:00am	7:00am	7:00am	7:00am	7:00am	8:30am	8:30am

其次，我们要明确自己理想的作息时间表是什么样的，并记录在表10-3 中。这里的"理想"主要是指契合自己和外部环境的要求，包括上下班时间、上下课时间等。在填写理想时间表时，并不需要确定非常精确的时间点，而是要给自己留出一些弹性时间。

表10-3　每周理想作息时间表

事项	周一	周二	周三	周四	周五	周六	周日

续表

事项	周一	周二	周三	周四	周五	周六	周日

最后，通过各种方法把当前的作息时间向着理想的作息时间调整。注意，要根据具体情况逐步调整，不要粗暴地一步到位，否则很容易半途而废。如果一个人本来习惯晚上12点睡觉，非要强迫自己立刻调整为晚上10点睡觉，就很难坚持。正确的做法是，试着先将睡觉时间调整到11点半，坚持一段时间之后，再调整到11点，以此类推。

那么，在调整的过程中有哪些工具可以帮助我们呢？

首先，最简单便捷的工具就是手机闹钟。大家可以根据自己的计划，设置闹钟来提醒自己按时吃饭、睡觉，如图10-1所示。

其次，如果你觉得自己自制能力不足，即使闹钟响了也可能会关掉闹钟，继续做手头的事，那么你可以和好朋友组队，互相提醒，一起完成规律生活作息的挑战。

最后,可以利用一些 APP,记录自己的饮食、作息。

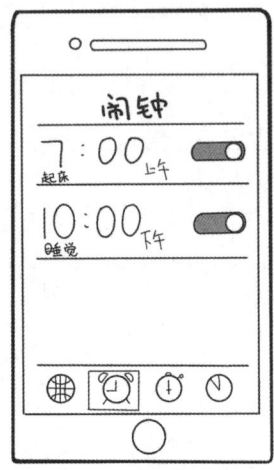

图10-1　手机闹钟示意

1. YAZIO(雅卓)

雅卓的主要功能是帮助我们记录日常饮食。在这款 APP 中,我们不仅可以查看饮食的热量,还可以查询其营养成分。

2. 薄荷健康

薄荷健康可以分析我们的三餐热量是否均衡,该 APP 中有很多种类食物的热量信息,尤其是零食。如果你想吃零食,就可以先通过薄荷健康计算一下热量。

3. 好眠

好眠是一款功能强大的睡眠辅助 APP,自带白噪声、催眠曲、ASMR、冥想引导、睡前故事、睡眠监测、21 天睡眠计划等功能,可以帮助我们舒适且快速地入睡,还可以帮助我们缓解焦虑、压力和失眠问题。

4. 蜗牛睡眠

蜗牛睡眠不仅能帮我们记录每天的睡眠质量(如深睡的时长、浅睡的时长），还提供催眠曲帮助我们入睡。有趣的是，它还可以记录梦话！

> 课后作业

根据自身情况，选择合适的 APP 来设置、调整自己的作息时间，并通过社交平台分享出来。

10.3　有趣从每个瞬间开始：素材积累工具推荐

很多人都有表达自己、输出想法的愿望，大到写一本小说、一个影片脚本，小到写一篇文章、一段文案。但愿望越大，下笔就越难，因为总是不知道应该从何写起。事实上，一部好的作品绝对不是凭空产生的，而是由各个有趣的瞬间积累而成。

很多人有日常积累素材的意识，如摘抄有意思的句子、收藏有价值的公众号文章。这些方法是有一定效果的，但并不是最高效的方法，因为直接收集原素材的结果，大概率就是素材在手机、电脑里"吃灰"。

日常收集素材的目的是方便在未来提取使用。 针对这一目的，我们要先消化这些素材，然后用自己的语言表述出来，提炼其中的核心部分。要存储的信息除了原素材，更重要的是它和我们已有知识之间的关联。也就是说，收集的素材需要包含三方面的信息：**原素材内容、素材核心观点（方便以后快速提取）、自己对素材的理解（方便整合、使用）**。

那么，有哪些工具可以帮助我们积累素材呢？

首先，最便捷的工具是微信文件传输功能，它的优点是免费使用、可多平台同步、可通过关键词搜索；但它的不足是，不便于我们构建知识体系，也不便于进一步整理和使用素材。因此，它比较适用于一些碎片化的、初级的信息整理。

其次，推荐使用 flomo（浮墨），这款 APP 是为知识卡片、碎片化素材收集等需求量身定做的，没有冗余的功能，非常轻便、精悍。它一方面降低了输入摩擦，提高了输入动机，另一方面设置了回顾体系，协助用户整理归纳。flomo 支持收藏和导入，它将入口前置在微信服务号，让用户除了可以通过 APP 记录，还可以直接将素材发送给微信服务号。flomo 的输入界面非常简洁，用户不需要考虑美化等方面的需求，可以专注于思考。

最后，推荐使用印象笔记。印象笔记不仅有素材收集的功能，还有后续的文章撰写、项目跟进等复杂功能，能够一站式满足用户的需求，但同时也会让用户的输入动机下降。

> **课后作业**

选择一款适合自己的素材收集 APP，尝试使用并坚持一段时间，记录使用效果。

_____

_____

_____

10.4 珍视你唯一的财富：时间管理工具推荐

世界上最公平的事情，就是每个人每天都拥有 24 个小时的时间。但每个人对时间的利用率不同，有的人一天可以做很多事，如工作、学习、健身、聚餐，过得充实、高效；有的人将时间全部用在了吃饭、睡觉、玩游戏上，过得散漫、低效。

前面的章节中讲过，时间管理的目标并不是在有限的时间里完成尽可能多的事，而是在有限的时间里做完必要的事。

时间管理的第一步是梳理自己目前要做的事，清理掉那些没必要做的事。如果有些事需要做，但不需要亲自去做，那么可以尽量交给别人做，把时间留给那些只能自己完成且有价值的事。

时间管理的第二步是把留下来的必要的事安排进某个时间段内。在这个过程中可以使用一些 APP 帮助我们更好地管理时间。

1. 事项提醒类 APP

（1）最简单、方便的工具就是手机自带的日历，我们可以在日历中标注既定的日程安排。

（2）滴答清单是一个非常实用的综合性提醒 APP，包含日程提醒、番茄倒计时、习惯打卡等功能。

（3）OmniFocus（仅支持 iOS 系统）是一个综合的项目管理 APP，包含事项提醒功能。它的优点是可以帮助用户以全局项目管理的视角看待日常安排，按照项目、场所、时间三个维度定义某个具体的活动；但缺点是学习成本较高。

2. 时间管理类 APP

（1）iHour 是一款简单、易上手的 APP，可以帮助用户记录做某件事的累计时间，如累计备考××小时、累计看书××小时、累计运动××小时等。

（2）forest 是一款有趣、有黏性的时间管理 APP，在开始计时的时候，软件页面中会种下一颗种子，在计时的过程中，种子会逐渐长成大树。这个过程可以给用户一定的成就感。

除此之外，还有很多时间管理 APP，读者可以根据自身情况选择适合自己的 APP。

[**课后作业**]

梳理当下的任务,并使用适合自己的时间管理 APP 进行实战应用,记录使用效果,看看使用时间管理 APP 是否可以提升学习、工作效率,并养成习惯。

10.5 不再孤军奋战:协作类工具推荐

一般情况下,我们在初高中阶段的主要任务是学习,这个阶段靠孤军奋战是可以度过的。但到了大学或大学毕业后,和他人协作就成了一项必不可少的技能。在这个阶段,我们除了是独立的个体,还是一个小组或一个部门中的一份子,需要和其他成员一起达成某个共同的目标。

协作最基本的要求是信息畅通。也就是说,一些双方必须掌握的信息,我们要尽量更快、更简单地同步给对方;同样,不需要所有人掌握的信息,我们也要保密。但达到信息畅通的成本很高,传递信息的过程中也很容易产生误会。比如,有些信息我以为你知道了,但你并不知道;有些信息你觉得我没必要知道,但其实对我很重要。

协作类工具有很多,下面推荐一些常用的 APP。

1. 石墨文档

石墨文档是一款支持多人在线协作编辑文档的 APP,可以实现实时多端同步,支持云端自动存储,降低了数据或文档丢失的概率。文档中可以插入各类附件,支持预览,方便用户管理回溯。此外,用户还可以通过复制链接、扫描二维码等多种形式共享文档,减少反复传递文档的低效工作。

2. 飞书

飞书的优势在于把文档、云盘、IM、视频会议等功能整合在了一起,并对这些基础功能进行了优化自研,重在方便用户日常办公。飞书基本可以满足大部分团队协作需求,但是学习成本比较高,需要用户花费一些时间和精力去了解具体的功能。

> 课后作业

如果你是学生,可以尝试使用石墨文档,与同学共同讨论学习内容并记录效果;如果你是职场人士,建议对两款 APP 都进行尝试,逐渐养成习惯,提高工作效率。

10.6 优化提升无处不在:其他常见学习工具推荐

本节主要介绍一些其他学习工具,帮助大家全方面提升学习效率。

1. 阅读类:微信读书

微信读书支持网页版、手机版同步阅读。在微信读书中,用户可以看到好友的阅读记录,也可以看到其他阅读者标记的段落或发表的看法。此外,微信读书还支持用户上传自己的电子书至电子书架,实现了一站式阅读。

2. 语言学习类:Quizlet、扇贝单词

Quizlet 和扇贝单词都是辅助记忆单词的 APP。

Quizlet 的优势是支持多语种,且支持用户自己设计单词库和学习集。当然,用户也可以使用他人设计好的单词库。

扇贝单词是更加常见且简单的单词记忆 APP,它会结合艾宾浩斯遗忘曲线,根据用户对单词的记忆程度安排后续的学习进度。

3. 运动类:Keep

Keep 提供多种免费或付费的健身课程,且设计了不同的训练强度和等

级，可以帮助用户进行有针对性的身体训练。

Keep 的最大优势是降低了开始运动的难度，让用户不用去健身房就可以得到专业的指导。

4. 放松类：潮汐

学习和工作压力比较大的时候，人是需要时间来放松休息的。

潮汐是一款帮助我们放松和保持专注的 APP，它提供了很多自然音乐和冥想练习的指导语，帮助用户从紧张、快节奏的状态中抽离出来，慢慢恢复平静，进而进入睡眠或专注的状态。

课后作业

尝试使用以上 APP，找到适合自己的，能够切实提高学习、工作效率的 APP，然后逐渐养成良好的习惯。

本章总结

◎ APP推荐。

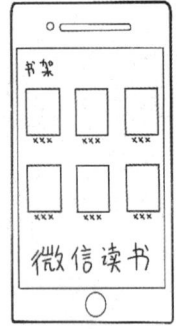 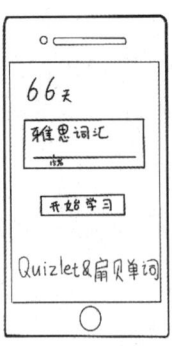  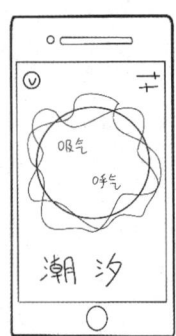